Food ★ Truck

KITCHEN

AT Verlag

Sasa Noël   Heike Grein

Food★Truck

KITCHEN

Originalrezepte und Geschichten

FOOD TRUCKS

KITCHENETTE
14

LA RIBOLLITA
22

LUNAS CREPES
28

KAFFEE UND
KAMELE
38

THE LUNCHBOX
45

RHYSTORANTE
51

FROH-BIYO
56

THE GREEN VAN
COMPANY
63

PALESTINE GRILL
68

BLACK & BLAZE
COFFEE
74

KAFFI, KICK UND
EIERKUCHEN
81

REBEL'S
SMOOTHIEBAR
86

DELI DONKEY
100

KOTTU ROTI

107

POUSHE

112

GABRIELE STREETFOOD

118

TAFELSILBER- 401 DISHES

124

CHADAFÖ

131

DE PALMA

137

DESI FOOD

143

EMMA & PAUL

149

LE SCHNAUZ

154

GELATERIA DI BERNA

160

BANH MI KITCHEN

167

CHURROS

172

REZEPTE

Zu den Rezepten

Jedes der Rezepte wurde von den 25 Truckbetreibern speziell für dieses Buch mit großer Sorgfalt zu Papier gebracht. Es sind oft Gerichte, die seit Generationen in ihren Familien gekocht werden, daneben aber auch spannende, neue Eigenkreationen. Vom saftigen Fleischrezept bis zum veganen Cevapcici finden sich Rezepte für jeden Geschmack und jeden Anlass. Sei es ein kleiner Snack to go oder eine vollwertige Mahlzeit.

Alle Rezepte wurden von unseren Familien und Freunden mit Eifer nachgekocht und mit Genuss verzehrt. Die positiven Reaktionen unserer Testköche haben die kulinarischen Erfahrungen, die wir beim Verzehren der Gerichte vor Ort machen durften, bestätigt.

An dieser Stelle ein großes Dankeschön an unsere fleißigen Testköchinnen und -köche: Annette, Dani, Daniela, Desi, Helga, Herbert, Karin, Manuela, Mieke, Paula, Sabine, Simon, Sekhar, Sarah, Sibylle, Tessa, Ulrike, Yannic und Zoé.

Als wir in die Schweizer Streetfood-Szene eintauchten, entdeckten wir eine faszinierende Welt voller inspirierenden Speisen, Menschen und Geschichten, und wir wurden ein Teil davon.

Nach vielen spannenden Gesprächen mit Truckbetreibern starteten wir das Buchprojekt »Food Truck Kitchen«. Mit unserem mobilen Fotostudio reisten wir durch die ganze Schweiz und fotografierten einzigartige Trucks und ihr Streetfood.

Als Grafikdesignerinnen, die sich seit einiger Zeit auf Foodstyling und Foodfotografie spezialisiert haben, war es uns eine Freude, die Gerichte vor Ort sowohl authentisch als auch stylisch zu fotografieren. Wir porträtieren in diesem Buch aber auch die mutigen Frauen und Männer, die ihre gut bezahlten Jobs an den Nagel gehängt und so Sicherheit gegen Abenteuer eingetauscht haben. Ihr hoher Anspruch an Qualität und Nachhaltigkeit hat uns beeindruckt, ihre Power und Lebensfreude immer wieder aufs Neue begeistert.
Wir durften in Töpfe, Pfannen und auf Lebenswege blicken. Die Köche und Köchinnen haben uns ihr Vertrauen geschenkt und uns in ihre bis dahin oft geheim gehaltenen Rezepte eingeweiht.

Das Buch, das Sie nun in Händen halten, erzählt die Geschichten dieser kulinarischen »Straßenkünstler« und ihrer köstlichen Gerichte. Nachkochen und gemeinsam mit Freunden hausgemachtes Streetfood zu erleben, ist ausdrücklich erwünscht. Vom anregenden Caffè Shakerato über den nahrhaften Pulled Pork Burger bis hin zur süßen Versuchung Crêpe Helena - es ist für jeden und jede etwas dabei.

Los geht's! Lassen Sie die Kochlöffel tanzen und genießen Sie cooles Streetfood-Feeling bei sich zu Hause.

Wir wünschen Ihnen dabei viel Spaß!
Sasa & Heike

KITCHENETTE

DREI FREUNDE UND EIN TRUCK

Alles begann mit einer Reise. Die Weltenbummler Rebekka und Lukas ließen sich im Sommer 2014 auf einem Flug nach New York vom US-amerikanischen Spielfilm »Chef« inspirieren. Dieser handelt von einem Küchenchef, der seinen Job in einem Gourmet-Restaurant verloren hat, einen Food Truck kauft und so seine Leidenschaft fürs Kochen zurückgewinnt. Der Spirit der New Yorker Food Trucks spiegelt denn auch genau das wider, was die beiden eigentlich schon immer wollten: kochen mit Passion und ganz nach ihren persönlichen Qualitätsansprüchen. Dass Reto als gelernter Koch und Hotelier mit von der Partie sein musste, stand von Anfang an genauso fest wie dass ihr erster Food Truck ein alter Citroën HY sein sollte.

Seitdem sind die drei mit Bio-Burgern, hausgemachten Saucen und handgeformten Brötchen an vielen Festivals in der Deutschschweiz unterwegs oder verkaufen ihr Essen an einem festen Standort. Sie unterstützen soziale Projekte und lokale Partner und sind seit Neustem auch Organisatoren des kleinen Eat Urban Food Truck Festivals.

Wie reagieren die Leute auf euren coolen Truck?
»Immer wieder erleben wir, dass uns ältere Menschen mit glänzenden Augen Geschichten aus ihrer Jugend erzählen. In solchen Momenten wird uns bewusst, mit wie vielen Emotionen und Erlebnissen dieser Citroën verbunden ist.«

Lukas, Rebekka und Reto

Ein Truck mit Charakter. Der etwas launische, mintgrüne Citroën Oldtimer HY Bétaillère mit Erstzulassung im Jahre 1979 wurde zusammen mit Grafikerin Ramona designt. Umgebaut wurde er komplett von einem Fachmann in Frankreich. Neuzugang im kulinarischen Fuhrpark ist ein etwas neuerer Mercedes-Benz 310.

TIPP:
Damit die Burger schön
saftig werden, sollte das
Hackfleisch einen Fett-
gehalt von mindestens
20 Prozent haben, aber
nicht mehr als 40 Prozent,
da die Burger sonst beim
Braten auseinanderfallen.

ITALIAN BEEF BURGER

4 Burger · Zubereitungszeit: 60 Minuten

520 g	Bio-Rinderhackfleisch
	Salz, Pfeffer aus
	der Mühle
2	Tomaten
100 g	Parmesan
4	Focaccia-Brötchen
	(Rezept Seite 18)
	Olivenöl zum Braten
80 g	hausgemachte Oliven-
	tapenade (Rezept Seite 18)
40 g	Rucola
80 g	hausgemachte Balsamico-
	reduktion
	(Rezept Seite 20)

1. Das Hackfleisch mit Salz und Pfeffer würzen, in vier gleich große Portionen teilen und von Hand zu Burgern formen. Die Burger mindestens 30 Minuten kühl stellen.

2. Die Tomaten in 4 mm dicke Scheiben schneiden. Den Parmesan mit einem Sparschäler in feine Blättchen hobeln. Alternativ kann er auch mit der Röstiraffel gerieben werden.

3. Die Focaccia-Brötchen halbieren und kurz in einer Bratpfanne oder im Toaster von beiden Seiten goldgelb rösten.

4. Das Öl in einer Bratpfanne erhitzen. Mit der Rückseite eines Löffels eine Mulde in die Mitte der Burger drücken, damit sie sich beim Braten nicht aufblähen. Im heißen Öl von jeder Seite etwa 3 Minuten anbraten. Ganz zum Schluss den Parmesan daraufgeben, sodass er leicht schmilzt.

5. Den Boden der Focaccia-Brötchen mit der Oliventapenade bestreichen, dann mit dem Rucola und den Tomatenscheiben belegen. Die Burger mit dem Parmesan daraufgeben, mit der Balsamicoreduktion beträufeln und die Brotdeckel aufsetzen.

Die besten PARTYS finden immer in der KÜCHE statt!

FOCACCIA-
BRÖTCHEN

4 Brötchen · Zubereitungszeit: 15 Minuten
(plus 75 Minuten Gehzeit) · Backzeit: 15 Minuten
· ·

200 g	Weißmehl
1 Prise	Zucker
3 g	Trockenhefe
1 TL	Salz
1	Rosmarinzweig
3 EL	Olivenöl
3 TL	Maisgrieß
	Mehl zum Bestäuben

1. Das Mehl und den Zucker in einer Schüssel mischen. Mit den Händen eine Mulde formen. Die Trockenhefe in die Mulde geben, mit 140 ml lauwarmem Wasser und etwas Mehl vom Rand verrühren.

2. Die Schüssel mit Frischhaltefolie abdecken und den Teig 15 Minuten gehen lassen. Das Salz beifügen und alles zu einem geschmeidigen Teig verarbeiten. Die Rosmarinnadeln abzupfen und fein hacken. Zum Teig geben und 2 Minuten einarbeiten.

3. Ein Backblech mit 2 Esslöffeln Olivenöl ausstreichen und mit der Hälfte des Maisgrießes bestreuen.

4. Aus dem Teig vier flache, runde Brötchen formen und die Oberfläche mit etwas Mehl bestäuben. Auf das Blech setzen.

5. Das Blech mit Klarsichtfolie abdecken und die Brötchen 1 Stunde an einem warmen Ort gehen lassen.

6. Den Backofen auf 200 Grad vorheizen.

7. Die Klarsichtfolie entfernen. Mit den Fingern kleine Mulden in die Brötchen drücken. Das restliche Olivenöl gleichmäßig auf den Brötchen verteilen und die Brötchen mit dem übrigen Maisgrieß bestreuen.

8. Die Focaccia-Brötchen im vorgeheizten Ofen etwa 15 Minuten goldgelb backen, herausnehmen und auf einem Gitter abkühlen lassen.

TIPP:
Die Focaccia-Brötchen können auch mit Oliven, getrockneten Tomaten oder anderen frischen Kräutern variiert werden. Aus dem Teig kann auch eine große flache Focaccia anstelle von Brötchen gebacken werden. Dazu den Teig auf das Backblech geben, mit den Händen gleichmäßig auseinanderdrücken, mit etwas Mehl bestäuben und bei Punkt 5 weiterfahren.

OLIVEN-
TAPENADE

Zubereitungszeit: 15 Minuten
· ·

65 g	schwarze Oliven
10 ml	Olivenöl
8	Kapern
	etwas Zitronensaft
1/2	Knoblauchzehe
1 Prise	Paprikapulver
	Pfeffer aus der Mühle

Alle Zutaten in eine Schüssel geben und mit dem Stabmixer fein pürieren. Mit Pfeffer abschmecken.

Hinweis:
Die Oliventapenade passt hervorragend auf getoastete Brotscheiben zum Apéro oder als Dip mit Focaccia oder Crackern, ebenso zu Pasta mit etwas Parmesan und frischen Cherrytomaten.
Es lohnt sich, gleich die zwei- oder dreifache Menge zuzubereiten. Die Tapenade hält sich, mit einer dünnen Schicht Olivenöl bedeckt und luftdicht verschlossen, im Kühlschrank bis zu einer Woche.

BALSAMICO-REDUKTION

Zubereitungszeit: 10 Minuten

45 ml	Balsamicoessig
45 ml	Rotwein
35 g	weißer Zucker
1 Scheibe	frischer Ingwer
½	Knoblauchzehe
1 Prise	Salz

1 Alle Zutaten in einen kleinen Topf geben, aufkochen und bei niedriger Hitze einkochen lassen, bis eine zähflüssige Masse, etwa so wie Honig, entstanden ist.

2. Gut auskühlen lassen. Vor dem Servieren den Ingwer und den Knoblauch entfernen.

Die Balsamicoreduktion schmeckt hervorragend auf Hartkäse geträufelt zum Apéro, als Dressing auf einem knackigen Salat oder zu dunklem Fleisch.

TIPP:
Für diesen Drink eignet sich am besten ein trockener, fruchtig-frischer Weißwein. Beim Ginger Beer sollte man eine etwas schärfere Variante nehmen.
Für ein Virgin Spicy K anstelle von Weißwein Mineralwasser verwenden.
Das K steht übrigens für Kitchenette.

SPICY K DRINK

4 Gläser à 200 ml · Zubereitungszeit: 5 Minuten

160 ml	Ginger Beer
240 ml	Weißwein
400 ml	naturtrüber Apfelsaft
16	frische Minzeblätter
12	Eiswürfel

Das Ginger Beer, den Weißwein und den Apfelsaft in vier Gläser verteilen. Pro Drink 4 Minzeblätter und 3 Eiswürfel hinzugeben und servieren.

LA RIBOLLITA

BERN—HOLLYWOOD & RETOUR

Fabian zog es nach seiner Ausbildung in Interlakens Nobelhotel »Victoria-Jungfrau« nach Los Angeles. Mit seinen erstklassigen Referenzen und nach einem Probekochen ergatterte er sich einen Job in Robert de Niros Restaurant »Nobu«. Zwei Jahre lang bekochte er dort Superstars wie Madonna oder David Beckham, bis der Kronprinz von Katar anklopfte und ihn als Privatkoch engagieren wollte. »Da merkte ich, dass das nicht meine Welt ist.« Jetzt kurvt er mit seinem Truck durch die Viertel von Bern. Er schafft eigene Treffpunkte, also »places to be«, mit gesundem Essen, gutem Sound, zusammen mit anderen Mini-Food-Trucks. Sein toskanischer Gemüseeintopf, der in einem Brot serviert wird, symbolisiert seinen Weg zurück zur Bescheidenheit. Seine Ribollita ist eine vollwertige Mahlzeit. Man isst den Eintopf und die Verpackung, das feine Brot, gleich mit. Das Besteck ist selbstverständlich kompostierbar. La Ribollita: eine gesunde Alternative zum heutigen Fast Food. Highlights sind das Chili con Carne und seine Gazpacho mit Sauerkirsche sowie Salate mit dem speziellen Ribollita-Dressing.

Hast du schon neue Ideen für die Zukunft?
»Mein hausgemachter Eistee soll ebenso auf den Markt kommen wie mein eigenes Ajvar, ein mazedonischer Gemüsekaviar aus Peperoni, den meine Freunde und ich als Kinder immer voller Begeisterung gegessen haben.«

Klein, aber fein. Der Ape TM, auch als Vespacar bezeichnet, aus dem Jahr 1990 ist ein ehemaliger Postwagen, den Fabian günstig im Internet ersteigerte. Der Vespacar wurde mit tatkräftiger Unterstützung von Freunden umgebaut und bringt jetzt gute Laune und feines Essen in die Quartiere von Bern.

DIE KOMPLETTE MAHLZEIT

Lieblings-Tee 4.—

DIE OMPLET MAHLZE

SAUERKIRSCH-GAZPACHO

4 Personen · Zubereitungszeit: 15 Minuten (plus 30 Minuten Ruhezeit)

Je ½	grüne und rote Peperoni (Paprikaschote)
¼	rote Zwiebel
½	Knoblauchzehe
¼	Salatgurke
2	Strauchtomaten (z. B. Ramato)
100 g	Staudensellerie
250 g	marinierte Sauerkirschen, ersatzweise frische oder tiefgekühlte
je 10	frische Basilikum- und Pfefferminzblätter
1 ½ TL	Salz
½ EL	Zucker
	Pfeffer aus der Mühle
	Paprikapulver
40 g	altes Brot
4	dunkle, runde Brote à 150 g
4 EL	qualitativ hochwertiges Olivenöl

1. Die Peperoni halbieren, entkernen und in kleine Würfel schneiden. Die Zwiebel, den Knoblauch und die Salatgurke fein schneiden. Tomaten, Staudensellerie, Sauerkirschen, Basilikum und Pfefferminze in feine Streifen schneiden.

2. Rund 4 Esslöffel des geschnittenen Gemüses sowie 4 Sauerkirschen zum Garnieren auf die Seite stellen.

3. Die vorbereiteten Zutaten zusammen mit dem alten Brot in eine große Schüssel geben und gründlich vermischen. 600 ml kaltes Wasser dazugeben. Mit Salz, Zucker, Pfeffer und Paprikapulver abschmecken. Rund 30 Minuten im Kühlschrank kühlen und marinieren lassen.

4. Mit einem Stabmixer alles zu einer glatten Suppe mixen.

5. Die Brote aushöhlen. Die kalte Suppe in den ausgehöhlten Broten oder auf einem Teller anrichten und mit dem beiseitegestellten klein geschnittenen Gemüse und je 1 Sauerkirsche sowie dem Olivenöl und frisch gemahlenem Pfeffer garnieren.

SALAT-DRESSING

4 Personen · Zubereitungszeit: 15 Minuten

2	Karotten
30 g	Parmesan
1 EL	Apfelessig
1 EL	flüssiger Honig
	Salz, Pfeffer
	aus der Mühle
3 EL	Rapsöl
1-2 Zweige	Rosmarin
50 g	Pflücksalat
50 g	Rucola
2 EL	Kürbiskerne

1. Die Karotten mit einem Sparschäler in hauchdünne, lange Scheiben schneiden. Den Parmesan grob hobeln.

2. Für die Salatsauce den Apfelessig mit dem Honig und etwas Salz und Pfeffer verrühren. Das Rapsöl dazugeben und gut vermischen. Den Rosmarin rund 10 Minuten in der Salatsauce ziehen lassen, dann herausnehmen.

3. Den Pflücksalat, den Rucola und die Karotten auf Teller verteilen und mit dem Parmesan und den Kürbiskernen garnieren. Die Salatsauce über den Salat träufeln.

Hinweis:
Dieses Dressing wird mit einem Hochgeschwindigkeitsmixer zu einer Emulsion gemixt, deshalb ist die Farbe auch sichtlich heller als wenn von Hand gemischt.

27

CRÊPES GALETTES
vegan & glutenfrei

Zimt & Zucker   5.5
Puderzucker & Zitrone   5.5
hausgemachte Gonfi/Apfelmus   6/7
Schokoaufstrich   6.5
Schoko & Kokos   7.5
Schoko & Banane   8.5
Schokohimmel   7
Lunas Sommertraum
Crêpe Suzette
Mon amour
Käse
Herr Meiers Mo...
Käse & Toma...
Käse & Pest...
Käse & Sp...
Käse & Sch...
Al italienne...
Spinat
Spinat & Chê...
Crêpe total...

Jael und Mirjam

Citroën HY, Jahrgang 1967, silber, ehemaliges Bodum Kaffeemobil aus Frankreich.

LUNAS CRÊPES

FRAUENPOWER

Schon die kleine Jael fühlte sich wie im Paradies, wenn sie bei ihrer Oma in der Küche vor einem großen Berg Omeletten saß. Nach dem Gymnasium reiste sie durch Südamerika. Ihre erste Tochter Ronja Luna kam im Frühling 2003 zur Welt. Gemeinsam mit Reto, dem Vater von Ronja, entstand der Gedanke, etwas Eigenständiges zu kreieren. Mit 150 Franken Startkapital, ihrer Idee und einem Lachen im Gesicht startete die Geschichte von »Lunas Crêpes«. Dank Erfahrung und Engagement ist ihr Einfrau-Betrieb stetig gewachsen. Einige Zeit später – ursprünglich eigentlich nur als Sommerjob geplant – stieß Mirjam dazu. Durch die doppelte Frauenpower entstanden neue Möglichkeiten. Mit dem Kauf des Citroën HY Oldtimer erfüllten sie sich einen lang ersehnten Traum. Jetzt arbeiten die beiden Frauen hauptberuflich in ihrer Crêperie. »Lunas Crêpes« bringt mit viel Charme ihre frisch zubereiteten Crêpes unters Volk.

Forever young
»Hypsi ist unser Truck und der einzige Mann in der Chefetage. Mittlerweile steht er kurz vor seinem fünfzigsten Geburtstag. Graue Haare sind noch nicht zu erkennen, und wir finden, er wird im Alter immer schöner. Von Frühling bis Herbst stehen wir und unser Hypsi direkt am Ufer des Rheins in der Stadt Schaffhausen. Hypsi fällt auf und bringt französisches Flair an den Rhein. Jung und Alt sind von unserem Truck begeistert, und immer wieder bekommen wir Zeitschriften mit Fotos dieses Typs geschenkt. Im Sommer diente unser Crêpe-Truck lustigerweise auch schon mal als Surfbrettverleih.«

CRÊPE MON AMOUR

4 Personen · Zubereitungszeit: 20 Minuten (plus 30 Minuten Ruhezeit)

· ·

Teig:

500 ml	Vollmilch
1-2 TL	Salz
300 g	Halbweißmehl (nach Belieben mit dunklerem Mehl gemischt)
2-3	Eier
15 g	Butter

Füllung:

4-5	Datteln
4	Ziegenweichkäse (à 80 g)
6	Walnusskerne
	flüssiger Honig
	Butter zum Braten
	Puderzucker zum Bestreuen
je 1	Dattel und Walnusskern zum Garnieren

1. Für den Teig die Milch mit 100 ml Wasser und dem Salz in einer Schüssel mischen. Das Mehl nach und nach dazugeben und mit einem Schwingbesen unterrühren, bis keine Klümpchen mehr vorhanden sind.

2. Die Eier aufschlagen, die Butter schmelzen und beides mit dem Teig mischen. Etwa 30 Minuten kühl stellen.

3. Für die Füllung die Datteln halbieren, entkernen und in kleine Stücke schneiden. Den Ziegenweichkäse in 1 cm dicke Stücke schneiden. Die Walnüsse grob hacken.

4. Wenig Butter bei mittlerer Hitze in einer Bratpfanne erwärmen. Eine Suppenkelle voll Teig in die Mitte der Pfanne geben. Den Teig durch Schwenken der Pfanne oder Streichen mit dem Crêpeteig-Verteiler auf dem Pfannenboden gleichmäßig verteilen. Wenn die erste Seite goldbraun gebacken ist, die Crêpe mit einem Pfannenwender wenden.

5. Einige Ziegenkäsestücke auf der einen Hälfte der Crêpe verteilen. Eine Handvoll Dattelstücke und gehackte Walnüsse darüberstreuen. Den Honig in Form eines Karomusters über die ganze Crêpe verteilen und die Crêpe erst zu einem Halbkreis, dann von links und rechts zu einem Dreieck falten.

6. Die Crêpe auf einem Teller anrichten, mit Puderzucker bestreuen und mit je 1 Dattel und Walnuss garnieren. Mit den restlichen Zutaten ebenso verfahren, bis alles aufgebraucht ist.

CRÊPE FRISCH & WILD

4 Personen (8–12 Crêpes) · Zubereitungszeit: 40 Minuten (plus 30 Minuten Ruhezeit)

Teig:

500 ml	Vollmilch
1-2 TL	Salz
300 g	Halbweißmehl (nach Belieben mit dunklerem Mehl gemischt)
2-3	Eier
15 g	Butter

Füllung:

700 g	Cherrytomaten
Je 1 Bund	frische Kräuter (Thymian, Petersilie, Schnittlauch)
240 g	Frischkäse
	Salz, Pfeffer aus der Mühle
	Butter zum Braten frische Kräuter zum Garnieren

1. Für den Teig die Milch mit 100 ml Wasser und dem Salz in einer Schüssel mischen. Das Mehl nach und nach dazugeben und mit einem Schwingbesen unterrühren, bis keine Klümpchen mehr vorhanden sind.

2. Die Eier aufschlagen, die Butter schmelzen und beides mit dem Teig mischen. Etwa 30 Minuten kühl stellen.

3. Für die Füllung die Cherrytomaten vierteln und die Kräuter grob hacken.

4. Wenig Butter in einer Bratpfanne bei mittlerer Hitze erwärmen. Eine Suppenkelle voll Teig in die Mitte der Pfanne geben. Den Teig durch Schwenken der Pfanne oder Streichen mit dem Crêpeteig-Verteiler auf dem Pfannenboden gleichmäßig verteilen. Wenn die erste Seite goldbraun gebacken ist, die Crêpe mit einem Pfannenwender wenden.

5. Jeweils etwas Frischkäse auf der ganzen Crêpe verstreichen und einige Cherrytomaten sowie Kräuter auf der einen Hälfte darüberstreuen. Mit Salz und Pfeffer abschmecken.

6. Die Crêpe erst zu einem Halbkreis, dann von links und rechts zu einem Dreieck falten. Die Crêpe auf einem Teller anrichten und mit frischen Kräutern garnieren. Mit den restlichen Zutaten ebenso verfahren, bis alles aufgebraucht ist.

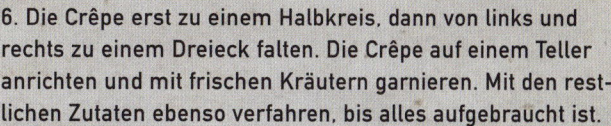

CRÊPE SALÉE

• SLOPPY JOE   9.-
  100% WESTERN-STYLE RINDSHACK ⎧∞⎫
  MIT KNACKIGEN JALAPEÑOS & SAUERRAHM

• SPINAT VEG   9.-
  JUNGER BLATTSPINAT MIT GETROCKNETEN
  TOMATEN, FRISCHER PARMESAN & RICOTTA

CRÊPE SUCRÉE

• SOMMER-KOMPOTT   8.-
  HAUSGEMACHTES KOMPOTT AUS FRISCHEN
  PFLAUMEN, NEKTARINEN & PFIRSICH

• GRAND MARNIER   8.-

• NUTELLA   7.-

• APFELMUS   7.-

• ZUCKER & ZIMT   5.-

www.le-schwarz.ch

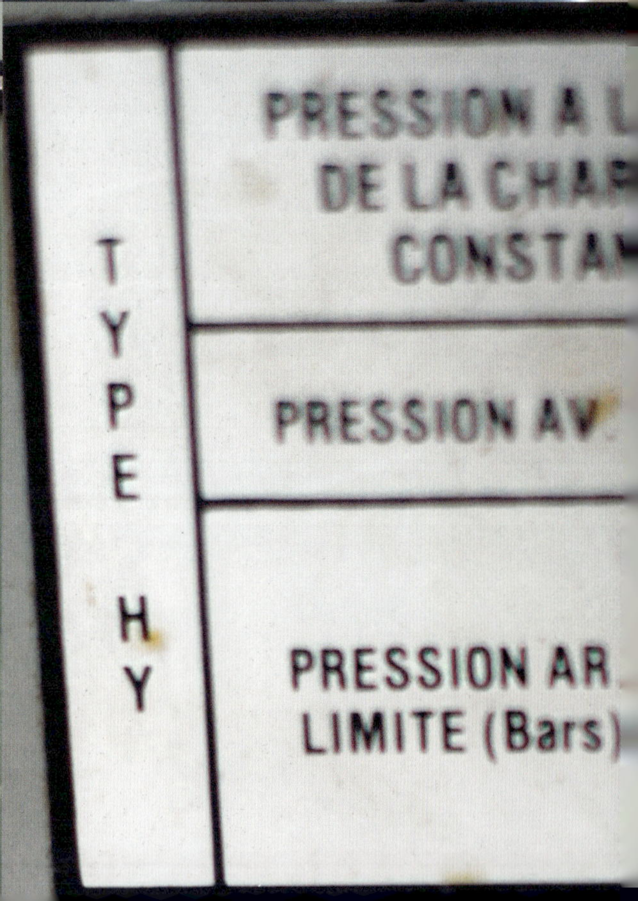

PRESSION A U
DE LA CHAR
CONSTAN

T
Y
P
E

PRESSION AV.

H
Y

PRESSION AR.
LIMITE (Bars)

36

KAFFEE & KAMELE

JENSEITS VON AFRIKA

Während eines gemeinsamen Surftrips entlang der nordafrikanischen Küste erlagen Robert und Philippe dem Zauber der herumziehenden Nomaden und ihrer Karawanen. Sie entschlossen sich, selbst kameltreibende Händler zu werden. Ihr Handelsgut: Kaffeebohnen. Ihr Kamel: ein Renault. So machten sich die zwei auf die Suche nach den perfekten Kaffeebohnen und dem besten Röstverfahren. Sie testeten alle nur erdenklichen Sorten, Röstungen und Blends. Doch kein Kaffee, keine Bohne und kein Röstverfahren konnte sie restlos überzeugen. Deshalb beschlossen sie, das Suchen aufzugeben und mit dem Finden zu beginnen.
Sie arbeiten nun mit dem Röstlabor Zürich zusammen, einer Mikrorösterei, die kleine Mengen Kaffeebohnen zu höchster Qualität veredelt.

Wo findet man euer Kamel?
»Unser Kamel macht unter der Woche vor dem Club ›Exil‹ in Zürich halt. Wir bieten dort eine kleine Oase in der boomenden Ausgehmeile von Zürich-West. Langsam sind wir zu einer richtigen Institution geworden. Viele können sich den Start in den Tag ohne unseren Kaffee gar nicht mehr vorstellen. Das freut uns natürlich sehr. Manche setzen sich gerne noch für einen Moment an einen der Tische, um ein wenig zu plaudern oder eine Runde Backgammon zu spielen. Zu Kaffee und gutem Sound servieren wir Michelles stadtbekannte Cookies und Brownies aus ihrer eigenen Backstube.«

COFFEE
TO GO
CAPPUCCINO
ESPRESSO
DOPPIO
AMERICANO
ICED COFFEE
HOMEMADE
ICED TEAS
COOKIES
BROWNIES

Beiger Renault Estafette,
Jahrgang 1978, aus Frankreich.

SURPRISE BROWNIES

Ca. 22 Brownies · Zubereitungszeit: 15 Minuten · Backzeit: 30–35 Minuten

150 g	Butter
275 g	weißer Zucker
75 g	Kakaopulver
3 große	Eier
1 TL	Vanilleextrakt oder
	1 Vanilleschote
75 g	Mehl
1 Tafel	Lieblingsschokolade
	Puderzucker zum
	Bestreuen

1. Den Backofen auf 175 Grad Umluft vorheizen.

2. Die Butter, den Zucker und das Kakaopulver in eine Edelstahlschüssel geben und unter ständigem Rühren im Wasserbad schmelzen. (Für das Wasserbad den Topf zur Hälfte mit Wasser füllen, sodass das Wasser den Boden der Schüssel nicht berührt. Das Wasser zum Kochen bringen, danach vom Herd nehmen.)

3. Die Eier mit einer Gabel verquirlen, den Vanilleextrakt beziehungsweise das ausgekratzte Mark der Vanilleschote dazugeben und beides unter die Butter-Zucker-Masse mischen. Das Mehl langsam dazugeben und alles gut verrühren.

4. Cupcakeförmchen bereitstellen und in jedes Förmchen etwa zwei Stücke der Lieblingsschokolade legen. Den Teig mit einem Löffel in die Förmchen geben und glatt streichen.

5. Die Brownies im vorgeheizten Backofen 30–35 Minuten backen, dann herausnehmen, auskühlen lassen und mit Puderzucker bestreuen.

TIPP:
Statt der Schokolade kann man in jedes Förmchen zum Beispiel ein kleines Cookie legen.

CHOCOLATE CHIP COOKIES

Ca. 12 Cookies · Zubereitungszeit: 15 Minuten (plus 20 Minuten Kühlzeit) · Backzeit: 9–13 Minuten

100 g	zimmerwarme Butter
70 g	weißer Zucker
40 g	brauner Zucker
1 kleines Ei	
$\frac{1}{4}$ TL	Vanilleextrakt
150 g	Mehl
$\frac{1}{2}$ TL	Salz
150 g	Chocolate Chips

1. Die Butter und den Zucker schaumig rühren, bis die Masse leicht und hell ist. Erst das Ei und die Vanille dazugeben, dann das Mehl sowie das Salz langsam daruntermischen. Zuletzt die Chocolate Chips beigeben und alles gut vermischen.

2. Aus dem Teig walnussgroße Bällchen formen, mit Abstand auf ein Backblech legen und etwas flach drücken. 20 Minuten kühl stellen.

3. Den Backofen auf 170 Grad Umluft vorwärmen.

4. Die Cookies im vorgeheizten Backofen 9–13 Minuten backen. Sie müssen noch weich sein, wenn sie aus dem Ofen kommen.

Patrick, Nando und Oktay

THE LUNCHBOX

MADE WITH LOVE

Stets gut gelaunt begrüßen Oktay und Nando aus ihrem kleinen, selbst gebauten Truck die Kunden. Neben Nahrungssuchenden aus den umliegenden Firmen sind dies auch Menschen, die für ihre fantastischen Cevapcici im traditionellen Lepinja-Brot längere Wegstrecken auf sich nehmen. Das Rezept für die gegrillten Röllchen aus Hackfleisch stammt von Oktays Mutter. Auch Menschen mit vollem Magen schauen gerne mal bei der »Lunch Box« vorbei, um sich ein wenig mit den Betreibern zu unterhalten. Man kennt sich eben im beschaulichen Bern. Oktay arbeitete früher als Verkäufer in einem Lebensmittelgeschäft. Dabei bemerkte er, dass sich viele Menschen nur von ziemlich ungesundem Fast Food ernähren. Mit seinem Freund Nando, den er seit der gemeinsamen Schulzeit kennt, wollte er diesem Umstand Abhilfe schaffen. So entwickelten sie ein Konzept für einen Food Truck, der gesundes und leckeres Essen anbietet. Inzwischen cruisen Oktay und Nando mit ihrem Truck und den nahrhaften Cevapcici durch ganz Bern.

Brot für alle

»An einem Festival wurden wir von Kunden regelrecht überrannt. Noch morgens um fünf Uhr standen die Menschen vor unserem Truck Schlange. Unsere Vorräte schmolzen dahin wie Schnee an der Sonne. Einer von uns musste dringend Nachschub organisieren. Somit fehlte aber eine Arbeitskraft im Truck. Auf die Schnelle konnten wir auch keine Aushilfe mehr organisieren. Und so kam es, dass sich Festivalbesucher mit großem Hunger, aber wenig Geld in der Tasche als motivierte Arbeitskräfte zur Verfügung stellten.«

VEGANCICI

VEGANE CEVAPCICI

4 Personen (ca. 20 Stück) · Zubereitungszeit: 30 Minuten · Backzeit: 10 Minuten

180 g	Quinoa
1	Zwiebel
1 Bund	Petersilie
1	Chilischote
2 ½ TL	Salz
½ TL	Pfeffer aus der Mühle
1 EL	Maisstärke (Maizena)
1	Limette, Saft

1. In einem Topf 450 ml Wasser aufkochen, das Quinoa dazugeben, die Hitze reduzieren und etwa 10 Minuten köcheln lassen. Den Topf vom Herd nehmen und das Quinoa weitere rund 10 Minuten zugedeckt quellen lassen. Das Quinoa auf einem Teller ausbreiten und abkühlen lassen.

2. Den Backofen auf 250 Grad Umluft vorheizen.

3. Die Zwiebel in kleine Würfel schneiden. Die Petersilie fein hacken. Die Chilischote halbieren, entkernen und ebenfalls fein hacken. Mit dem Quinoa in einer Schüssel gut vermischen. Die Maisstärke dazugeben, alles mit Salz und Pfeffer abschmecken und den Limettensaft hinzufügen.

4. Aus der Masse längliche Röllchen von etwa 5 x 2 cm formen. Auf ein mit Backpapier belegtes Blech geben und im vorgeheizten Ofen etwa 10 Minuten goldbraun backen.

Serviervorschlag:
Zu den Vegancici passen hervorragend Tzatziki oder Ajvar in einem Pitabrot sowie ein Salat der Saison mit einer Balsamicosauce.

HOLUNDERBLÜTEN-LIMO

2 Liter · Zubereitungszeit: 5 Minuten (plus 12 Stunden zum Ziehen)

120 ml	Holunderblütensirup
1	Zitrone
20 Blätter	marokkanische Pfefferminze
1,8 l	Wasser
	frische Pfefferminzblätter und Zitronenschnitze zum Garnieren

1. Den Holunderblütensirup in einen Krug geben. Die Zitrone auspressen und den Saft sowie das Fruchtfleisch beigeben.

2. Die Pfefferminzblätter mit der flachen Hand auf einem Brettchen kurz etwas klopfen, um die ätherischen Öle freizusetzen, und dazugeben.

3. Mit 1,8 Liter Wasser aufgießen und alles gut vermischen. Die Limo rund 12 Stunden zugedeckt im Kühlschrank stehen lassen.

4. Die Limo in Gläser verteilen und mit frischen Pfefferminzblättern sowie je 1 Zitronenschnitz garnieren.

OX-BEEF
- Rindshuft, Swiss Meat
- caramelisierte Zwiebeln
- Weisskohl-Karottensalat
- in der handgemachten ciabatta

VEGI-LUNCH
- grillierte Zucchini + Peperoni
- Provolone (ital. Käse)
- Rucola
- in der handgemachten ciabatta

FRESH-CHIPS

RHYSTORANTE

DAS OX-TEAM

Dario ist als Sohn italienischer Einwanderer in der Schweiz aufgewachsen. Kochen war schon immer seine Leidenschaft. Früher stand er gerne an der Seite seiner Mutter in der Küche, um von ihr die besten Rezepte zu erlernen. Als er zu Hause auszog und in Zürich eine Wohnung fand, ernährte er sich aber nicht etwa von Pizzakurier und Döner, sondern verfeinerte seine Kochkünste weiter. Seine Frau Raquel arbeitete in Spanien in leitender Position in diversen Restaurants, Cafés und Bars. Als Raquel zu Dario nach Zürich zog, starteten sie gemeinsam ihr Food-Truck-Projekt. Inzwischen verwöhnen sie mit ihren Gerichten schweizweit ihre Kunden an Festivals, Events und Caterings. Ihr reichhaltiges Angebot umfasst unter anderem das Ox-Beef, Rindshuft vom Ochsen mit karamellisierten Zwiebeln, Weißkohl und Karottensalat, oder einen Vegi-Lunch: frische, grillierte Zucchini und Peperoni mit Provolone und Rucola. Beide Gerichte werden in einem handgemachten Ciabattabrot serviert. Und natürlich ihre berühmten Fresh Chips: frisch vor Ort hergestellte Kartoffelchips mit verschiedenen Gewürzen.

Die Odyssee

»Unser Traumtruck war von Anfang an ein Citroën HY. Wir verbrachten viele Nächte im Internet, um den geeigneten Wagen zu finden. Darauf reisten wir nach Frankreich, unterschrieben etwas blauäugig einen Kaufvertrag und leisteten eine Vorauszahlung. Die weitere Geschichte handelt von einem plötzlich nicht mehr erreichbaren Verkäufer, intensiven Recherchen, diversen Reisen nach Frankreich, verlassenen Garagen und leichten Panikattacken. Schlussendlich wurde unser Citroën gefunden und in einer dramatischen Aktion in die Schweiz überführt. Jetzt geben wir unseren Truck nicht mehr aus den Händen. Liebevoll restauriert und mit einer großen Registrierkasse aus dem Jahr 1908 ausgestattet, begleitet er uns jetzt überallhin.«

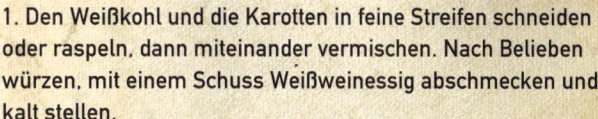

OX BEEF

4 Personen · Zubereitungszeit: 20 Minuten · Bratzeit: 20–30 Minuten

180 g	Weißkohl
2	Karotten
	Salz, Pfeffer aus der Mühle
20 ml	Weißweinessig
300 g	große Zwiebeln
50 ml	Sojasauce
100 g	Honig
500 g	Rindfleisch vom Ochsen (Huft/Hüfte)
	Öl zum Anbraten
4	Ciabatta-Brötchen à 100-120 g
80 g	Kräuterbutter

1. Den Weißkohl und die Karotten in feine Streifen schneiden oder raspeln, dann miteinander vermischen. Nach Belieben würzen, mit einem Schuss Weißweinessig abschmecken und kalt stellen.

2. Den Backofen auf 200 Grad Ober-/Unterhitze vorheizen.

3. Die Zwiebeln halbieren und in 3–4 mm breite Halbmonde schneiden. Mit der Sojasauce und dem Honig in eine beschichtete Bratpfanne geben, alles verrühren und so lange auf niedriger Stufe ziehen lassen, bis die Zwiebeln goldbraun werden.

4. Das Fleisch in feine Streifen von etwa 5 x 5 x 50 mm schneiden und in einer separaten Bratpfanne in etwas Öl kurz heiß anbraten.

5. Das Fleisch zu den Zwiebeln geben, vermischen und bei geschlossenem Deckel 15–20 Minuten im Saft garen lassen. Mit Pfeffer und Salz würzen.

6. Die Ciabatta-Brötchen bis auf einen Rest von etwa 1 cm aufschneiden, damit sie aufgeklappt werden können. 2–4 Minuten im vorgeheizten Backofen knusprig backen.

7. Die untere Seite der Ciabatta-Brötchen mit der Kräuterbutter bestreichen, mit dem Weißkohl-Karotten-Salat belegen und zuletzt mit Fleisch füllen.

HOMEMADE CHIPS

4 Personen · Zubereitungszeit: 10 Minuten · Backzeit: 3–5 Minuten

....

1,6 kg	mehligkochende Kartoffeln
	Salz, Paprikapulver, Currypulver, Kräuter der Provence, Country-Potato-Gewürzmischung

Die Kartoffeln gut waschen und mit Schale in 1–2 mm feine Scheiben raspeln. In der Fritteuse bei 160 Grad backen, auf Küchenpapier abtropfen und abkühlen lassen.
Nach Belieben würzen.

FROH-BIYO

FROZEN YOGURT UND EINE DIVA

»froh-biyo«, zusammengesetzt aus froh sein, bio und Yogurt, ist ein Familienbetrieb. Katrin ist von Beruf Tierärztin und Konstantin Unternehmensberater mit Fokus auf Nachhaltigkeit. Im Sommer 2013 reiste Konstantin beruflich nach London. Als Katrin ihn übers Wochenende besuchte, war sie vom Frozen-Yogurt-Angebot der englischen Hauptstadt begeistert. Zurück in Zürich, suchte sie jedoch vergeblich nach einem Lokal mit ihrer neuen Lieblingserfrischung im Angebot. Was lag da näher, als selber ins Frozen-Yogurt-Geschäft einzusteigen? Seither produzieren die beiden mithilfe einer professionellen Frozen-Yogurt-Maschine ihren eigenen, cremig-luftigen und aus biologischen Zutaten hergestellten Frozen Yogurt. Als Truck dient ihnen ihr liebevoll »Apchen« genannter Piaggio Ape Classic. Das Fahren der kleinen italienischen Diva erfordert viel Geduld und Feingefühl, aber sie ist inzwischen fast schon zu einem richtigen Familienmitglied geworden. Ihr Gefährt haben die beiden mit viel Liebe zum Detail eingerichtet und ganz nach ihren Bedürfnissen umgebaut.

Gab es einen Anlass, den ihr nie vergessen werdet?
»Im August 2014, bei einem Event in Kloten, fuhr Katrin einen Monat vor dem errechneten Geburtstermin unseres Sohnes zu einer Kontrolle ins Spital. Ich öffnete den Frozen-Yogurt-Stand im festen Glauben, Katrin würde bald eintreffen. Wenige Minuten nachdem per Lautsprecher verkündet worden war, dass der Stand geöffnet sei, bekam ich einen Anruf von Katrin. Unser Sohn Valentin hatte sich entschlossen, doch schon an diesem Tag das Licht der Welt zu erblicken. Die nächste Lautsprecherdurchsage teilte dann mit, dass der Frozen-Yogurt-Stand aufgrund unerwartet früher Vaterfreuden wieder schließen müsse.«

Mintgrüner Piaggio Ape Classic,
Baujahr 2012, auf abenteuerliche
Weise aus Frankfurt in die
Schweiz übergesiedelt.

FROZEN YOGURT

MIT DER EISMASCHINE

4 Personen · Zubereitungszeit: 15 Minuten (plus ca. 5 Stunden Abtropfzeit) · Gefrierzeit: 30 Minuten

500 g	Magermilch-joghurt
60 g	Zucker
1 Päckchen	Vanillezucker
2	Eiweiß

1. Den Joghurt in ein mit Küchenpapier ausgelegtes Sieb geben, mit Klarsichtfolie abdecken und mit einem Teller beschweren. Über einer Schüssel 5 Stunden im Kühlschrank abtropfen lassen.

2. Den trockenen Joghurt mit dem Zucker und dem Vanillezucker cremig schlagen. Die Eiweiße zu steifem Schnee schlagen und unter die Joghurtmasse ziehen.

3. Die fertige Masse in die Eismaschine geben und ungefähr 30 Minuten rühren und gefrieren lassen.

TOPPINGS

• Himbeerpüree, darauf frische Heidelbeeren verteilen und mit gerösteten Mandelstückchen bestreuen.

• Mangopüree, darauf frische Himbeeren geben und mit Kokosflocken bestreuen.

• Schokoladensauce, darauf frische Erdbeerstückchen verteilen und mit Haselnusskrokant bestreuen.

FROZEN YOGURT MIT RAHM

OHNE EISMASCHINE

4 Personen · Zubereitungszeit: 30 Minuten (plus ca. 90 Minuten Gefrierzeit)

500 g	Joghurt
70 g	Zucker
200 ml	Vollrahm (Sahne)
½	Zitrone, Saft

1. Den Joghurt und den Zucker miteinander vermischen und so lange rühren, bis sich der Zucker vollständig aufgelöst hat.

2. Den Rahm steif schlagen und zu der Joghurtmasse geben. Den Zitronensaft dazugeben und alles mit dem Rührgerät vermischen.

3. Die Joghurtmischung in einer luftdicht verschließbaren Schüssel rund 70 Minuten in den Tiefkühler stellen, bis die Masse ein paar Zentimeter am Rand gefroren ist.

4. Die angefrorene Joghurtmasse aus dem Tiefkühler nehmen und mit einem starken Schwingbesen kräftig durchrühren (dabei die gefrorenen Kristalle vom Rand lösen), bis eine geschmeidige und luftige Masse entsteht.

5. Die Masse erneut in den Tiefkühler stellen und den Vorgang zwei- bis dreimal alle 10 Minuten wiederholen, bis eine softeisartige Masse entsteht.

6. Das Eis mit einem Topping nach Wahl servieren.

Citroën HY aus dem Jahr 1970 in
den Farben Grün und Weiß.

WWW.THEGREENVAN.CH

THE GREEN VAN COMPANY

WHISKY & CHEESE

Luca hat südländische Wurzeln und verspürte schon immer den Drang nach Freiheit, Mobilität und dem direkten Kontakt zu den Menschen. Als Profikoch konnte er diese Träume nicht verwirklichen, und ein eigenes Restaurant zu eröffnen, war ihm zu kostspielig. So machte er sich mit seinem eigenen Food Truck selbstständig. Den Truck fand er verlassen und zugewachsen auf einer Wiese eines Bauernhofes in Frankreich. Kurz entschlossen kaufte er dem Bauern den alten Citroën ab. Restauriert hat er ihn in Frankreich, das Equipment stammt aus Spanien. Das Kochen liegt bei Luca in der Familie. Sein Vater war Italiener und selbst ein hervorragender Koch. Luca ist nun in seine Fußstapfen getreten und bietet seinen Kunden gehobene Küche zu erschwinglichen Preisen an. Sein exklusiver Whisky-Burger und seine kunstvollen Cheesecakes sind Highlights seines Angebots.

Erzähl uns doch von deiner schönsten Autopanne …
»Eines schönen Morgens fuhr ich mit meinem Truck zu einem Event. Plötzlich hörte ich ein fürchterliches Knacken, und im nächsten Moment überholte mich mein linkes Vorderrad. Mein Garagist konnte mir leider nicht helfen, da er keine Ersatzteile für meinen alten Citroën an Lager hatte. Den Event konnte ich unmöglich absagen. Auch war der Truck bis obenhin mit Esswaren gefüllt. Kurzerhand ließ ich den Truck zum Ort des Events abschleppen. Dort nutzte ich anstelle des Vorderrads einen Harass als Stütze. Ein Kunde betrachtete lange und eingehend meinen Truck und fragte dann, ob ich schon bemerkt hätte, dass mir ein Vorderrad fehle. Ob diese geistreiche Bemerkung auf ein Zuviel an Whisky-Burgern zurückzuführen war, bleibt für immer unbeantwortet.«

THE COW BOY

4 Personen · Zubereitungszeit: 70 Minuten (plus 20 Minuten Ruhezeit)

Sauce:

1	Zwiebel
2	Knoblauchzehen
1	Chilischote
1 EL	Olivenöl
1 EL	Butter
150 g	Ketchup
1 EL	Honig
2 EL	Rohrzucker
3 EL	Tomatenmark
2 EL	Worcestershiresauce
2 EL	Sojasauce
2 EL	Whisky

Fleisch:

60 g	Kalbsnierenfett
600 g	Rinderhackfleisch
100 ml	Rahm (Sahne)
1 Prise	Salz
	Pfeffer aus der Mühle
	Fett zum Braten

Zum Anrichten:

8	Burgerbrötchen
100 g	Zwiebeln, geröstet
4 Scheiben	Tomaten
4 Streifen	Eisbergsalat
4 Scheiben	Cheddar
4 Scheiben	Bacon, gebraten

1. Für die Sauce die Zwiebel und den Knoblauch fein schneiden. Die Chilischote halbieren, entkernen und ebenfalls in feine Würfel schneiden. Das Olivenöl und die Butter in einer Pfanne erhitzen und die Zwiebel, den Knoblauch und die Chili darin anbraten.

2. Ketchup, Honig, Zucker, Tomatenmark, Worcestershiresauce und die Sojasauce hinzufügen und alles gut verrühren. Die Hitze reduzieren und die Sauce mindestens 20 Minuten köcheln lassen. Den Whisky daruntermischen.

3. Das Kalbsnierenfett sehr fein hacken und mit dem Hackfleisch und dem Rahm mischen. Mit Salz und Pfeffer würzen. Aus dem Fleischteig von Hand vier Kugeln formen und zu Burgern flach drücken. In einer Bratpfanne in erhitztem Fett von beiden Seiten knusprig braten.

4. Die Burgerbrötchen in der folgenden Reihenfolge belegen: Brötchenboden, BBQ-Sauce, geröstete Zwiebeln, Tomate, Salat, Fleisch, Cheddar, Bacon und Brötchendeckel.

CHEESECAKE
MIT ERDBEER-BASILIKUM-SAUCE

4 Personen (4 kleine Törtchen) · Zubereitungszeit: 40 Minuten (plus 30 Minuten Ruhezeit)

Törtchen:

50 g	Spekulatius oder süße Kekse nach Wahl
10 g	Butter
1/2	Vanilleschote
200 g	Mascarpone
1 EL	Zitronensaft
1 EL	Vanillezucker
2 EL	Zucker
5 g	Gelatineblätter (3 Stk.)
160 g	Frischkäse

Sauce:

200 g	Erdbeeren
1 TL	Rohrzucker
1 EL	Zitronensaft
1/2 Bund	Basilikum

1. Die Kekse in einen Beutel geben und diesen verschließen. Mit einem Wallholz über den Beutel fahren und so die Kekse fein zerbröseln. Die Butter schmelzen und mit den Keksstücken vermischen.

2. Die Vanilleschote der Länge nach aufschneiden und das Mark herauskratzen. Die Hälfte vom Mascarpone, den Zitronensaft, die Vanilleschote samt Mark, den Vanillezucker und den Zucker in einen Topf geben und bei schwacher Hitze verrühren. Vom Herd nehmen und etwas abkühlen lassen. Die Vanilleschote entfernen.

3. Die Gelatineblätter in kaltem Wasser einweichen, dann zügig unter die lauwarme Masse ziehen.

4. Die andere Hälfte vom Mascarpone und den Frischkäse in einer Schüssel mischen und mit einem Schneebesen unter die kalte Mascarponemasse rühren.

5. Eine Lage Kekse in je einen Dessertring mit einem Durchmesser von 5 cm und einer Höhe von etwa 7 cm geben und diese gut andrücken, dann mit der Cheesecake-Mischung bis zum oberen Rand auffüllen. Die Törtchen 30 Minuten im Kühlschrank kühl stellen.

6. Den Backofen auf 180 Grad vorheizen. Für die Sauce die Erdbeeren vom Stielansatz befreien, in kleine Stücke schneiden und in eine Gratinform legen. Den Zucker und den Zitronensaft darüber verteilen. Die Gratinform mit Alufolie abdecken.

7. Die Erdbeeren 30 Minuten im vorgeheizten Ofen erhitzen.

8. Das Basilikum klein schneiden und mit den Erdbeeren vermischen, anschließend kühl stellen.

9. Den Cheesecake aus den Formen heben und auf Tellern anrichten. Mit der Sauce garnieren.

TIPP:
Der Cheesecake kann
auch in vier kleinen
Gläschen serviert
werden.

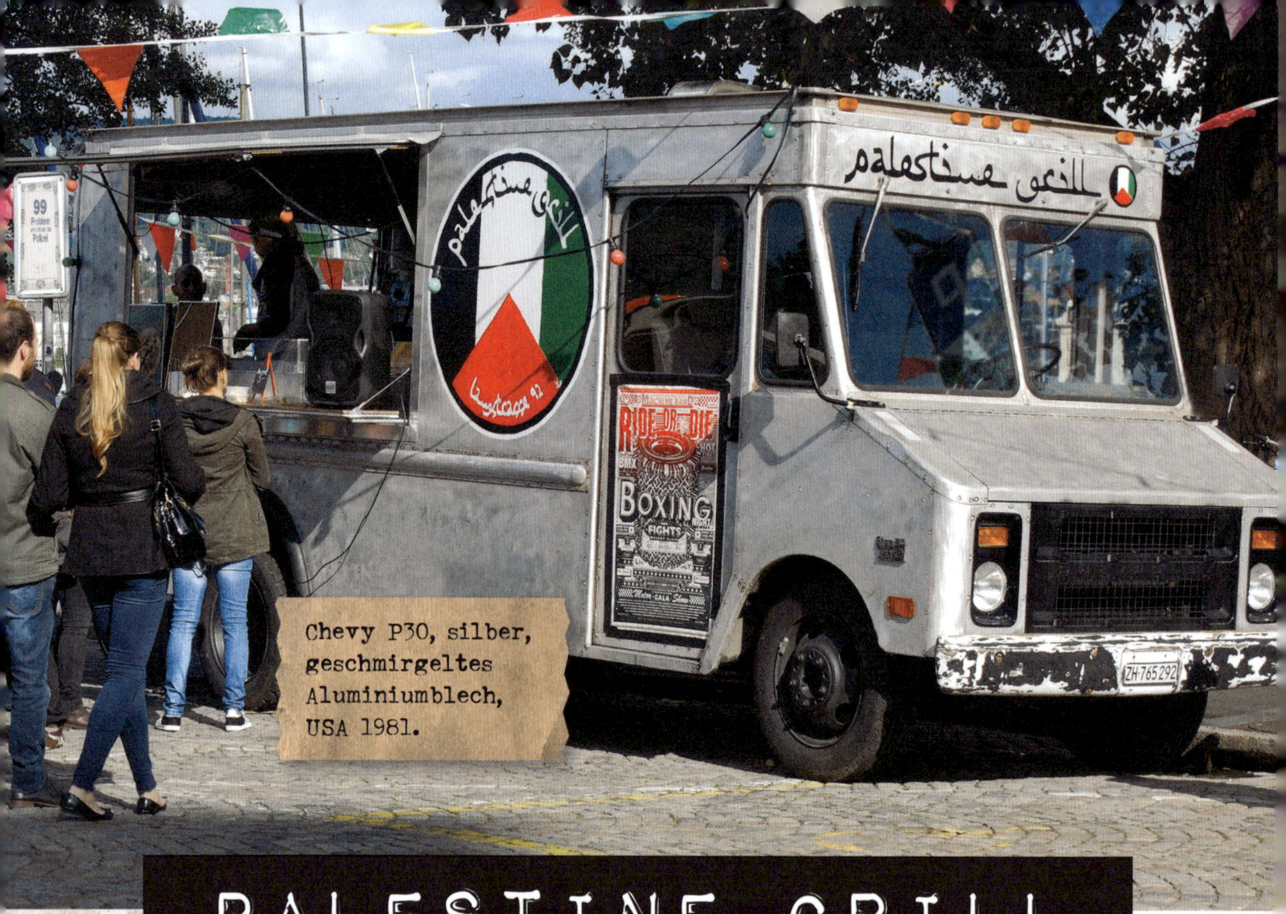

Chevy P30, silber,
geschmirgeltes
Aluminiumblech,
USA 1981.

PALESTINE GRILL

EINFACH KULT

Als Ergänzung zum bekannten Familienbetrieb »Palestine Grill« an der Zürcher Langstraße ist jetzt auch ihr eigener Food Truck an diversen Events in der ganzen Schweiz unterwegs. Zum Beispiel schufen sie im bekannten Skigebiet Laax einen tollen Event für Boarder, Skifahrer und Künstler. Zu ihrem Truck findet Sami Khouri, alias Mr. Samigo, Chef des »Palestine Grill«, klare Worte: »Es gibt für mich nur einen: den Chevy P30. Alles andere ist kein Food Truck.« Samis Exemplar diente früher in der US Army als Postwagen. Der Truck sieht nicht nur stylisch aus, sondern passt auch gut zur Gründungsgeschichte. Denn über den Altmetallverkauf hat Sami zur Gastronomie gefunden. Durch einen Auftrag landete er plötzlich hinter einer Fritteuse und fand sich wenig später als Pächter einer Imbissbude an der Langstraße im Zürcher Vergnügungsviertel wieder. Dort servieren er und sein Team unter anderem Sabich, Shish Taouk, Falafel und natürlich die berühmte Friedensplatte. Sein Motto: »Krieg gibt es genug, unser Essen soll die Menschen zusammenbringen.«

Was genau ist eure berühmte Friedensplatte?

»Unsere Friedensplatte ist eine Mischung aus einfachen palästinensischen und jüdischen Zutaten. Sie eignet sich wunderbar für ein kleines Abendessen zu zweit. Die Friedensplatte besteht aus mehreren Kugeln Falafel, marinierten Pouletstücken, handgeschnitzten Pommes frites und einer großen Portion Hummus. Dazu frischer Salat aus Gurken, Tomaten und Stangensellerie mit einer zart säuerlichen Sauce und Fladenbrot. Aus der jüdischen Küche gibt es zusätzlich grillierte in Öl marinierte Auberginen und gekochte Eier. Garniert wird die Platte wahlweise mit einer roten scharfen Sauce oder einer süßen mit Mangogeschmack.«

YES
WE'RE
OPEN

سمسنا

Elias und Sami Khouri

Die Falafel nach
Belieben mit Couscous
oder mit Gurkenstück-
chen, in Randensaft ein-
gelegtem Kohlrabi und
Gewürzen in Fladenbrot
servieren.
Als Beilage eignet sich
Tahina, eine Sesampaste
aus der nordafrikani-
schen Küche.

PALESTINE GRILL FALAFEL

4 Personen · Zubereitungszeit: 90 Minuten
(plus 12 Stunden Einweichen und 30 Minuten Ruhezeit) · Kochzeit: 1 Stunde

300 g	getrocknete Kichererbsen
2	kleine Zwiebeln
2	Knoblauchzehen
1/2 Bund	Petersilie
1 Bund	Koriander
3	grüne Peperoni (Paprikaschoten)
1 EL	Kreuzkümmel
1/2 EL	Koriandersamen
4	Kardamomkapseln
1 TL	Salz
	Pfeffer aus der Mühle
2 EL	Mehl
80 g	Sesamsamen
2 l	Öl zum Frittieren

1. Die Kichererbsen in ein Sieb geben, abbrausen und in einer großen Schüssel in reichlich Wasser über Nacht einweichen lassen. (Gekochte Kichererbsen aus der Dose geben dem Teig nicht die nötige Bindung.)

2. Am nächsten Tag die Kichererbsen abgießen, mit frischem Wasser in einen Topf geben und aufkochen. Die Kichererbsen bei schwacher Hitze etwa 1 Stunde weich kochen, den dabei entstehenden Schaum abschöpfen. Abgießen, kalt abspülen und abtropfen lassen.

3. Die Zwiebeln und den Knoblauch in feine Würfel schneiden. Die Petersilie und den Koriander mit den Stielen grob schneiden. Die Peperoni halbieren, entkernen und klein schneiden.

4. Den Kreuzkümmel, die Koriandersamen und den Kardamom in einer Pfanne ohne Fett anschwitzen, dann abkühlen lassen. Die Kardamomschalen entfernen und die Gewürze im Mörser fein mahlen.

5. Kichererbsen, Zwiebeln, Knoblauch, Kräuter, Peperoni und die Gewürze mit 2 Esslöffeln Wasser sowie Salz und Pfeffer in der Küchenmaschine mittelfein pürieren. Das Mehl zugeben und untermixen. Den Teig abgedeckt 30 Minuten kalt stellen.

6. Den Sesam auf ein Backpapier geben. Aus dem Teig mit feuchten Händen 16 Kugeln formen und mit je einer Seite in den Sesam drücken.

7. Das Frittieröl in einem Topf auf 160 Grad erhitzen und die Falafel darin portionenweise 8–10 Minuten goldbraun frittieren. Vorsichtig auf Küchenpapier abtropfen lassen und sofort servieren.

Den Hummus mit
frischem Fladenbrot
oder Blätterteiggebäck
servieren.

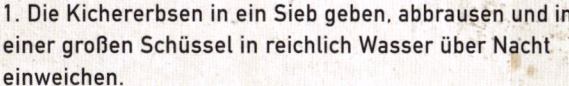

HUMMUS

4 Personen · Zubereitungszeit: 10 Minuten (plus 12 Stunden Einweichen) · Kochzeit: 1 Stunde

400 g	Kichererbsen, getrocknet
2	Knoblauchzehen
	Olivenöl
3 EL	Zitronensaft
3 EL	Tahina
	Salz
1 TL	gemahlener Kreuzkümmel
1 TL	Paprikapulver
	glatte Petersilie
	zum Garnieren

1. Die Kichererbsen in ein Sieb geben, abbrausen und in einer großen Schüssel in reichlich Wasser über Nacht einweichen.

2. Am nächsten Tag die Kichererbsen abgießen, mit frischem Wasser in einen Topf geben und aufkochen. Die Kichererbsen bei schwacher Hitze etwa 1 Stunde weich kochen, den entstehenden Schaum abschöpfen. Abgießen, kalt abspülen und abtropfen lassen.

3. Den Knoblauch würfeln. Die Kichererbsen bis auf einige wenige zum Garnieren mit Knoblauch, 4 Esslöffeln Olivenöl, Zitronensaft, 60–80 ml Wasser und der Tahina zu einer cremigen Paste pürieren und mit Salz und dem Kreuzkümmel abschmecken. Bei Bedarf mehr Wasser hinzufügen.

4. Den Hummus in einem kleinen Teller anrichten und mit Olivenöl, Paprikapulver, den restlichen Kichererbsen und glatter Petersilie garnieren.

BLACK & BLAZE COFFEE

NUR DIE BOHNE

Als Werbefotograf, der ständig um die Welt gejettet ist, kennt Claude Hotelbars und Flughafenrestaurants besser als sein Zuhause. Dort wurde ihm meist lieblos zubereiteter Kaffee von höchst zweifelhafter Qualität zugemutet. Richtig guten Kaffee fand er auf seinen Reisen nur in den kleinen Coffeeshops in New York, Berlin oder Kapstadt. »Wenn der Geschmack überzeugte, stammten die Kaffeebohnen immer aus einer Kleinrösterei.« Die Idee einer eigenen Rösterei war geboren.

Nun tüftelt Claude also in seiner eigenen kleinen Kaffeerösterei am perfekten Kaffee. Unerlässlich für seine Arbeit sind Reisen in die entlegensten Weltgegenden mit ihren verschiedenen Kaffeesorten, Anbauverfahren und Erntezeiten. Wann immer möglich steht er im direkten Kontakt mit den Menschen, die seinen Kaffee anbauen, um fairen, nachhaltigen Handel garantieren zu können.

Wie erreicht ihr die hohe Qualität eurer Produkte?
»Für das Rösten stehen bei uns die modernsten Maschinen in der Rösterei. Mit ihnen lassen sich sämtliche Prozesse elektronisch überwachen. Durch präzises Abstimmen von Temperatur, Luftzufuhr und Zeit entsteht so ein replizierbares Röstprofil, das für jeden Kaffee, Woche für Woche, eine konstante Röstung garantiert. Teil unserer Philosophie ist es, nicht zu dunkel zu rösten, um die natürlichen Aromen eines jeden Kaffees möglichst beizubehalten.«

Hellblauer Piaggio Ape 50,
Jahrgang 2011, aus Italien,
mit aufklappbaren Flügeltüren
und speziellem Innenausbau für
den Kaffeeservice.

Mit Blooming wird der Vorgang des Aufquellens, des Aufblühens des angefeuchteten Kaffeemehls bei der Zubereitung von Brühkaffee bezeichnet.

DRIP COFFEE

REZEPT GEMÄSS SWISS BREWERS CUP 2016

2 Personen · Zubereitungszeit: 10 Minuten

20 g   frisch gerösteter
        Kaffee für Drip Coffee
        (3-30 Tage ab Röstdatum)

700 ml   geeignetes Wasser für
         Filterkaffee

Equipment:

1 Glaskanne
   (Hario Range Server)
1 Waage, die grammgenau misst
1 Filterpapier (Hario V60 02)
1 Filter (Hario V60 Dripper 02)
1 Stoppuhr
1 Wasserkocher, idealerweise
   ein Modell, bei dem die
   Temperatur eingestellt
   werden kann
1 Rührstab
2 Gläser zum Servieren

1. Den Kaffee für den Filterkaffee frisch mahlen, das ergibt eine Menge von 18 g.

2. Das Wasser auf 91–94 Grad erhitzen.

3. Die Kanne auf die Waage stellen, das Filterpapier falten, in den Dripper einlegen und beides auf die Kanne aufsetzen.

4. Das Filterpapier mit ungefähr 300 ml erhitztem Wasser spülen.

5. Die Waage tarieren und 18 g gemahlenen Kaffee ins gespülte Filterpapier einfüllen.

6. Die Waage erneut tarieren und die Stoppuhr starten. Gleichzeitig 50 ml des erhitzten Wassers in den Filter einfüllen und den »Blooming«-Prozess starten.

7. 30 Sekunden warten, dann innerhalb von 30 weiteren Sekunden, langsam von innen nach außen kreisend, Wasser dazugeben, bis die Waage 300 g anzeigt. Mit dem Rührstab dreimal im Uhrzeigersinn das Wasser und den Kaffee im Filter umrühren.

8. 2–3 Minuten warten, bis das Wasser restlos in die Kanne geflossen ist. Falls es länger dauert, den Mahlgrad für den nächsten Kaffee gröber einstellen. Wenn es weniger als 2 Minuten dauert, den Mahlgrad beim nächsten Mal feiner einstellen.

9. Den Dripper entfernen und den Kaffee auf zwei heiß ausgespülte Gläser verteilen. Kaffee genießen.

CASCARA ICED TEA

2 Personen · Zubereitungszeit: 10 Minuten

Cascara ist das getrocknete Fruchtfleisch der Kaffeekirsche. Dieser Tee ist
sowohl kalt als Eistee als auch heiß ein
genialer Energie-Booster, da er Koffein
enthält.

10 g   Cascara-Tee
          Eiswürfel nach
          Belieben

Equipment:
1   French Press
          (Pressstempelkanne)

1. Den Cascara-Tee mit 500 ml heißem
   Wasser aufgießen und 4–8 Minuten
   ziehen lassen.

2. Abkühlen lassen und mit Eiswürfeln
   servieren.

TIPP:
Cascara-Tee erhält man
in ausgewählten
Geschäften, z. B. in
spezialisierten Röstereien
wie »Black & Blaze«.
Er kann mit Orangen-
schnitzen und marokkani-
scher Pfefferminze
garniert werden.

La Crêperie

CREPOMAT 3000

Anjas mattschwarzer »Crepomat«
ist ein holländischer Carbo 300V
Baujahr 1996.

KAFFI, KICK & EIERKUCHEN

ABGEFAHRENE CRÊPES

Bevor Anja in der Schweiz ihre große Liebe Thomas kennenlernte, reiste sie als Fitnessanimateurin um den halben Globus. Nun ist ihre große weite Welt das schöne Glarnerland. Schon lange wollte sie eine eigene Crêperie betreiben. Seit 2013 ist nun also eine deutsch-schweizerische Co-Produktion mit Herzblut bei der Sache und kreiert mit viel Fantasie immer wieder neue süße und salzige Crêpes. Anzutreffen ist ihr Truck jeden Dienstag in Weesen und jeden Mittwoch in Glarus. Aber auch an der Landsgemeinde, bei Streetfood-Festivals oder Biker-treffs sind ihre fantasievollen Crêpes gern gesehen. Sehr beliebt sind die Buchweizencrêpes (Galettes). Sie werden nach eigenem Rezept hergestellt und sind sowohl gluten- als auch laktosefrei. Mit ihren pinken Haarsträhnen und den Tattoos passt Anja wunderbar zu ihrem außergewöhnlichen Truck: frech, fröhlich und einzigartig.

Was bekomme ich bei dir, wenn ich einen Fridolin bestelle?
»Eine Buchweizencrêpe mit Schweizer Reibkäse und selbst gemachtem Apfelmus aus Glarner Äpfeln, Röst-zwiebeln und Glarner Schabziger. Die süßen Crêpes bekommen bei mir einen Frauen- und die salzigen einen Männernamen. Ich finde, das passt ganz gut. Im Wappen des Kantons Glarus ist übrigens auch Fridolin zu sehen. Der hat aber nichts mit Crêpes am Hut. Er ist der Schutzheilige und das Wahrzeichen des Kantons.«

CRÊPE HELENA
MIT MAGENTRÄS

4 Personen (4 Crêpes) · Zubereitungszeit: 25 Minuten (plus 2 Stunden Ruhezeit) · Kochzeit: 15 Minuten

Teig:

300 ml	Milch
2	Eier
1 Prise	Salz
150 g	Mehl

Füllung:

1 große	Birne
100 g	Marzipan
4 EL	Schokoladenaufstrich
50 g	Magenträs, ersatzweise Zimtzucker
30 g	Butter zum Braten

1. Für den Teig die Milch mit den Eiern, 2 Esslöffel Wasser und dem Salz mischen. Nach und nach das Mehl dazugeben und mit dem Schwingbesen gut unterrühren, damit sich keine Klümpchen bilden.

2. Für die Füllung die Birne entkernen und in feine Scheiben schneiden. Das Marzipan in Stückchen von 2 x 2 cm schneiden.

3. Die Butter zum Braten in einer beschichteten Bratpfanne erwärmen. Eine Suppenkelle voll Crêpeteig in die Pfanne geben, den Teig in der gesamten Pfanne verteilen und einseitig bräunen.

4. Die Crêpe wenden, die untere Hälfte mit 1 Esslöffel Schokoladenaufstrich bestreichen, mit einem Viertel der Birnenscheiben und der Marzipanstückchen belegen und mit einem Viertel Magenträs bestreuen.

5. Die Crêpe über die Füllung schlagen und zu einem Dreieck falten (zwei- bis dreimal falten) und sofort servieren.

TIPP:
Magenträs ist ein Glarner Gewürzzucker, eine rund hundertjährige Spezialität, die in ausgewählten Fachgeschäften zu beziehen ist. Anstelle von Magenträs kann man auch Zucker und Zimt mischen.

GALETTE FRIDOLIN
MIT APFELMUS UND SCHABZIGER

4 Personen (4 große Galettes) · Zubereitungszeit: 10 Minuten (plus 2 Stunden Ruhezeit)

Teig:

250 g	Buchweizenmehl
1 TL	Meersalz
2	Eier
40 g	geschmolzene Butter

Füllung:

300 g	pikanter Reibkäse (z. B. Glarner oder anderer Alpkäse)
500 g	Apfelmus
200 g	Röstzwiebeln oder frisch angebratene Zwiebelringe
100 g	Schabziger
	Pfeffer aus der Mühle

1. Für den Teig das Buchweizenmehl, das Salz, die Eier und 500 ml kaltes Wasser in einer großen Schüssel gut mischen. Die geschmolzene Butter einarbeiten, bis ein glatter Teig entsteht. Den Teig 2 Stunden an einem kühlen Ort ruhen lassen.

2. Eine Suppenkelle voll Teig in eine beschichtete Pfanne geben, den Teig in der gesamten Pfanne verteilen und von einer Seite bräunen.

3. Die Galette wenden und in der Mitte mit einem Viertel des geriebenen Käses belegen.

4. Jeweils 2–3 Esslöffel Apfelmus auf dem geschmolzenen Käse verteilen, mit Röstzwiebeln oder Zwiebelringen bestreuen und mit Schabziger und frisch gemahlenem Pfeffer abschmecken.

5. Die Galette zu einem Dreieck falten und sofort servieren.

TIPP:
Für selbst gemachte Zwiebelringe ergibt 1 Zwiebel von etwa 100 g: 40-50 g Röstzwiebeln. Klassisch wird die Galette als Quadrat gefaltet.

Ein Traum in strahlendem Türkis.
Mit tatkräftiger Unterstützung
des Vaters liebevoll umgebautes
typisch holländisches Verkaufs-
fahrzeug.

REBEL'S
SMOOTHIEBAR
RESPECT EXISTENCE OR EXPECT RESISTANCE

Die weitgereiste Lea ist ausgebildete Foodfotografin und arbeitete in Bern und Paris. Auf einer ihrer vielen Reisen kam ihr die Idee, zusammen mit einer Freundin in Thun eine Smoothiebar zu eröffnen. Das Projekt wurde ein voller Erfolg. Bald wurde die Bar um einen Stand erweitert, um auch Einladungen an Festivals annehmen zu können. Der nächste logische Entwicklungsschritt war schließlich, den Smoothiestand mithilfe ihrer Schwester Jeanne in einen Truck umzuwandeln. So sind die beiden jetzt mobil und können mit ihrem vielfältigen Angebot jeden Standort erreichen. Neben ihren Smoothies verkaufen sie auch veganes Fast Food und spezielle Rohkostleckereien. Ein beliebtes Gericht ist ihr berühmter »Chicken run away«-Burger. Ihren Truck findet man an diversen privaten Veranstaltungen, veganen Food-Festivals sowie an Straßenfesten oder Musik Events.
Last but not least: Die zwei Schwestern sind politisch sehr aktiv und setzen sich für den Schutz der Umwelt ein.

Was macht euch so besonders?
»Wir machen alles selber. Vom Wildkräuterpflücken bis zum Smoothiemixen. Alle unsere Zutaten sind vegan und biologisch. Unsere Snacks sind aus frischen, vollwertigen und regionalen Zutaten, die nie gekocht, raffiniert oder chemisch behandelt wurden. Sie sind deshalb reicher an Nährstoffen und Vitaminen als gekochtes Essen.«

Jeanne, Lea und Jakob

Respect Existence or Expect Resistance

TIPP:
Die Früchte mit ein
paar Tropfen Agaven-
dicksaft und Limetten-
saft verfeinern.
Den Smoothie zum
Servieren mit einer
essbaren Wildblume,
zum Beispiel einer
Borretschblüte und
Giersch garnieren.

RED LIPS SMOOTHIE
ORGANIC VEGAN ROHKOST

2 Personen (2 Gläser à 300 ml) · Zubereitungszeit: 10 Minuten

1	reife Banane
200 g	Himbeeren
10	Pfefferminzblätter
2 Prisen	Vanillepulver
1 TL	Acai-Pulver
1 TL	Mandelmus
	Eiswürfel

1. Alle Zutaten bis auf die Eiswürfel mit 50 ml Wasser in einen hohen Behälter geben und mixen, bis der Smoothie schön cremig wird.

2. Die Gläser mit Eiswürfeln füllen, den Smoothie darübergießen und servieren.

GREEN DETOX SAFT

ORGANIC VEGAN ROHKOST

2 Personen (2 Gläser à 300 ml) · Zubereitungszeit: 10 Minuten

4	große, süßliche, nicht mehlige Äpfel
1	Salatgurke
1 großer	Knollensellerie
2	Zitronen
1 Stück	Ingwer, etwa daumengroß
4 Handvoll	Giersch
4 Handvoll	Brennnessel (im Winter durch Spinat ersetzen)
	frische Pfefferminze, Thymian, Rosmarin zu Abschmecken

Alle Zutaten in eine Saftpresse geben und entsaften.

TIPP:
Für einen süßeren Saft mehr Äpfel verwenden. Für einen stärkeren Gesundheitseffekt mehr Wildkräuter beimischen.

PASTRAMI

CLASSIC 8 | 15

PASTRAMI

CHEESE 9 | 17

PASTRAMI

REUBEN 9 | 17

APPUCCIN
ISKAFFE
HAI · LAT
MONAD

TODAY is GOING to be AWESOME

Audiovisuelle Kulinarik mit Migrations Hintergrund

#srilanka
#kotturoti

SKINNY PEOPLE ARE EASIER to KIDNAP....
STAY SAFE
EAT FISCHFUTTER!

Cod save the Queen

DELI DONKEY

DER ROLLENDE ESEL

Peter verkauft Mahlzeiten, die glücklich machen. Er kommt aus einer Familie von Gastronomen. Zwei von drei Brüdern erlernten ebenfalls den Beruf des Kochs. Nach mehreren Jahren im Hotelgewerbe als Koch und Patissier lernte er bei einem Schweizer Großunternehmen in der Lebensmittelindustrie neue Produkte und Trends zu kreieren. Während dieser Zeit schloss er die Ausbildung als Technischer Kaufmann und diplomierter Betriebswirtschafter erfolgreich ab. Anschließend wechselte er die Branche und arbeitete für mehr als zehn Jahre als Produkt-, Brand- und Marketingmanager. Die Themen Essen, Lebensmittel und Kochen sind ein wichtiger Bestandteil seines Lebens. Zusammen mit seiner Frau Cornelia, selbst Lebensmittelingenieurin, reist er gern durch die Welt. Sie schätzen es dabei neue Kulturen und deren Speisen kennenzulernen. Der Gedanke an die Selbstständigkeit begleitete Peter bereits mehrere Jahre und ließ ihn nie richtig los. Anfang 2016 setzte er seine Ideen in die Tat um. Mit dem Aufbau von »Deli Donkey« erfüllte er sich seinen lang gehegten Wunsch, als Unternehmer und Dienstleister tätig zu sein.

Wie kann man euer Angebot beschreiben?

»Je nach Saison variiert unsere Speisekarte. Wir bieten frische und abwechslungsreiche Mahlzeiten an, wie Salate, Suppen, Eintöpfe und Fladenbrote. Wir möchten ausgewogenes Essen mit vielen hochwertigen Eiweißen und den richtigen Kohlenhydraten anbieten: Hülsenfrüchte und Getreide manchmal mit und ohne Fleisch. Gerichte also, die zufrieden und glücklich machen und dabei die Konzentration, Motivation und Kreativität unterstützen.«

Der »Deli Donkey« ist auf einem Fiat Ducato aufgebaut. Der Truck ist ganz in Schwarz gehalten und mit orangefarbenen Logos und Schriftzügen versehen.

TIPP:
Dazu passt ein frisches
Fladenbrot.
Das Gericht schmeckt
sowohl im Sommer als
auch im Winter.

PARUPPU
LINSENGERICHT

4 Personen · Zubereitungszeit: 15 Minuten · Kochzeit: 20 Minuten

150 g	Tomaten
1	Zwiebel
1	Knoblauchzehe
1 EL	Olivenöl
1 TL	Kreuzkümmel
2 TL	Currypulver
1 TL	Gelbwurz
1/2 TL	gemahlener Zimt
1/4 TL	frischer Ingwer, geraspelt
300 g	rote Linsen
1,2 l	Gemüsebouillon
200 ml	Kokosmilch
	Salz, Pfeffer aus der Mühle
5 ml	Limettensaft
1/2 Bund	Petersilie
2	Chilischoten
3 EL	Naturjoghurt

1. Die Tomaten unten, gegenüber dem Stielansatz mit einem Messer kreuzförmig einschneiden, ungefähr 5 Sekunden mit kochendem Wasser überbrühen, dann kalt abschrecken. Die Haut abziehen, die Tomaten entkernen und würfeln.

2. Die Zwiebel und den Knoblauch schälen und fein schneiden. Das Olivenöl in einem Topf erhitzen und die Zwiebel und den Knoblauch darin bei schwacher Hitze leicht anschwitzen. Kreuzkümmel, Curry, Gelbwurz, Zimt und den geraspelten Ingwer dazugeben und unter stetigem Rühren weiter andünsten.

3. Die Tomatenwürfel und die roten Linsen dazugeben und vorsichtig, aber gründlich unterrühren. Die Bouillon und die Kokosmilch dazugeben und alles mit Salz und Pfeffer würzen.

4. Die Linsen etwa 15 Minuten kochen, bis sie weich sind. Regelmäßig umrühren, damit die Linsen nicht anbrennen.

5. Den Topf vom Herd nehmen und die Suppe mit dem Limettensaft abschmecken.

6. Die Petersilie fein hacken, die Chilischoten entkernen und ebenfalls fein hacken. Die Linsen mit dem Joghurt, der Petersilie und den Chilis garnieren und servieren.

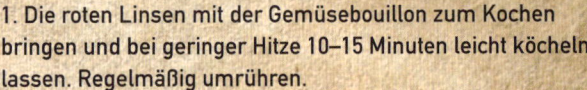

YAPRAK
MIT LINSEN-NUGGETS

4 Personen · Zubereitungszeit: 40 Minuten · Kochzeit: 15 Minuten (plus 10 Minuten Bratzeit)

150 g	rote Linsen
400 ml	Gemüsebouillon
1/2 Bund	Petersilie
1/2 Bund	Pfefferminze
2	Chilischoten
1 TL	Kreuzkümmel
1/2 TL	Paprikapulver
	Salz
100 g	Couscous
1 kleine	Zwiebel
2	Knoblauchzehen
	Olivenöl zum Anbraten
30 g	Mehl
	Pfeffer aus der Mühle
1/2	Salatgurke
	Salatblätter
150 g	Naturjoghurt
4	Fladenbrote (Yaprak)

1. Die roten Linsen mit der Gemüsebouillon zum Kochen bringen und bei geringer Hitze 10–15 Minuten leicht köcheln lassen. Regelmäßig umrühren.

2. Den Topf vom Herd nehmen. Die Petersilie und die Pfefferminze fein hacken, die Chilischote entkernen und ebenfalls fein hacken. Pfefferminze, Petersilie, Chilis, Kreuzkümmel, Paprikapulver, 1 Prise Salz und den Couscous dazugeben, alles gut vermischen und etwa 15 Minuten ziehen lassen.

3. Die Zwiebel und den Knoblauch fein schneiden und in 4 Esslöffeln Olivenöl goldgelb anbraten. Mit dem Linsen-Couscous mischen.

4. Das Mehl dazugeben und alles zu einer homogenen Masse verarbeiten. 10 Minuten ziehen lassen. Mit Salz und Pfeffer abschmecken. Aus der Masse von Hand walnussgroße, runde Bällchen formen und auf ein Backpapier legen.

5. Etwas Olivenöl in einer Bratpfanne erhitzen und die Bällchen darin bei mittlerer Hitze 7–10 Minuten rundum knusprig braten.

6. Die Salatgurke in Scheiben schneiden, den Salat klein zupfen. Den Joghurt nach Belieben würzen. Die Fladenbrote aufschneiden. Die Linsen-Nuggets mit dem Joghurt, der Gurke und dem Salat im Fladenbrot anrichten und servieren.

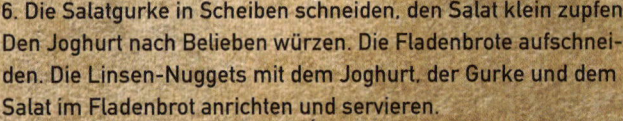

Thileeban und seine Frau Suthani

Der Truck ist ein selbst gebautes Unikat und wurde von Tikathek, einer bekannten Street-Art-Künstlerin, bemalt.

AUDIOVISUELLE
KULINARIK
mit
MIGRATIONS
HINTERGRUND

#srilanka
#kotturoti

KOTTU ROTI

MUSIK IM MUND

Audiovisuelle Kulinarik mit Migrationshintergrund. So erklärt Thileeban sein Wirken. Er bietet an vielen Streetfood-Festivals sein Kottu Roti an. Kottu Roti heißt übersetzt »verhacktes Fladenbrot« und ist in Sri Lanka ein bekanntes Streetfood. Die Zubereitung erzeugt dabei ihren eigenen und unverwechselbaren Sound. Das Fladenbrot wird rhythmisch fein gehackt und mit Zwiebeln, Kohl, Lauch, Karotten und Curry vermischt. Ein Ereignis für Auge und Ohr. Thileebans Wurzeln liegen in Sri Lanka, aufgewachsen ist er hier bei Schweizer Eltern. Mit seinem Food-Truck-Projekt kann er die Nähe zu seiner Kultur bewahren. Hauptberuflich betreibt Thileeban seine eigene Filmproduktion. Ihm gefällt das Wechselspiel zwischen Film und Food. »Mein Leben ist so wie Kottu Roti. Auch das Leben vieler Tamilen aus Sri Lanka ist Kottu Roti: Die ganze Familie verteilt auf der ganzen Welt und trotzdem eine Einheit.«

»Viele Tamilen arbeiten seit Jahren im Gastgewerbe, meistens im Hintergrund. Man kennt sie als zurückhaltend und scheu, aber als gute Arbeitskräfte. Dieses Bild möchte ich gerne ein wenig erweitern. Ich sehe die Food-Festivals als eine Chance, meinen tamilischen Mitarbeitern eine Plattform zu bieten. Sie können sich hinstellen und den direkten Kontakt mit den Kunden erleben. Das ist für sie sehr motivierend. Auch das unmittelbare Feedback ist dabei wertvoll. ›Kottu Roti‹ und die Festivals sind hervorragend dazu geeignet, um Brücken zu bauen und den Austausch zwischen den Kulturen zu fördern.«

TIPP:
Zum Curry passen sehr
gut Basmatireis, Linsen
und Naturjoghurt.
Die Zutaten kann man in
tamilischen oder indi-
schen Lebensmittelge-
schäften kaufen. Das
Rezept kann auch mit
Pouletschenkeln oder
Rindfleisch zubereitet
werden.
Aus den Resten kann ein
Kottu Roti (siehe folgen-
des Rezept) zubereitet
werden.

LAMMCURRY

AUS SRI LANKA

4 Personen · Zubereitungszeit: 20 Minuten · Kochzeit: 20 Minuten

1	Zwiebel
2	Knoblauchzehen
1 Stück	Ingwer, daumengroß
2	Tomaten
4 EL	Sonnenblumenöl
1 TL	schwarze Senfkörner
1/2 TL	Fenchelsamen
4	Curryblätter
1 Prise	Kurkuma
500 g	Lammkeule, geschnetzelt
1 TL	scharfes Currypulver
1 TL	Garam Masala
1 Prise	Salz

1. Die Zwiebel, die Knoblauchzehen und den Ingwer klein schneiden. Die Tomaten in kleine Würfel schneiden.

2. Das Öl erhitzen, die Senfkörner dazugeben und erhitzen, bis sich weiße Blasen bilden. Danach Fenchelsamen, Curryblätter, Zwiebelwürfel, Knoblauch, Ingwer und Kurkuma dazugeben und alles gut mischen.

3. Sobald die Zwiebelwürfel glasig sind, das Lammfleisch dazugeben. Kurz bei großer Hitze anbraten, dann die Hitze reduzieren. Die Tomatenwürfel dazugeben und alles zugedeckt etwa 15 Minuten schmoren lassen.

4. Sobald sich die Flüssigkeit reduziert hat, das Currypulver, Garam Masala und Salz daruntermischen, dann 20 ml Wasser dazugeben. Das Curry kochen, bis sich auf der Oberfläche Ölblasen bilden.

KOTTU ROTI

STREETFOOD AUS SRI LANKA UND SÜDINDIEN

4 Personen · Zubereitungszeit: 15 Minuten

1	Zwiebel
1	Karotte
1/2	Lauchstange
1/4	Weißkohl
1	grüne Chilischote
4 EL	Sonnenblumenöl
4	Curryblätter
4-6	Roti (Fladenbrot, Rezept Seite 147, oder gekauftes Fladenbrot)
2	Eier
200 g	Lammcurry (Rezept Seite 109)
1 Prise	Salz
1	unbehandelte Zitrone

1. Die Zwiebel und die Karotte in kleine Würfel schneiden. Den Lauch in feine Ringe und den Weißkohl in feine Streifen schneiden. Die Chilischote halbieren, entkernen und in kleine Scheiben schneiden.

2. Das Öl in einer Bratpfanne erhitzen und die Curryblätter, Zwiebel, Lauch, Karotte, Weißkohl und die Chili darin andünsten.

3. Das Roti (Fladenbrot) zusammenrollen und in etwa 1 cm breite Streifen schneiden.

4. Die Eier zur Gemüsemischung geben und alles zu einem Rührei vermischen. Sobald das Rührei fest geworden ist, die Rotistreifen dazugeben. Alles in der Pfanne umrühren und mit zwei Holzlöffeln zerteilen.

5. Sobald alles gut vermischt ist, das Lammcurry daruntermischen und darauf achten, dass es nicht zu flüssig ist. Das Kottu Roti mit Salz abschmecken.

6. Die Zitrone heiß waschen, trocknen, in Schnitze schneiden und das Kottu Roti damit garnieren.

TIPP:
Dazu passt Naturjoghurt.
Es kann jedes beliebige
Curry wie Chickencurry
oder Auberginencurry
daruntergemischt werden.

HINWEIS:
»Kottu Roti« heißt so
viel wie »verhacktes Fladenbrot«. Als Analogie würde
Zürcher Geschnetzeltes
auf Tamilisch »Züri Kottu«
heißen.
Kottu ist ein Rezept, in
dem man wunderbar übrig
gebliebenes Essen wieder-
verwerten kann. Es stammt
ursprünglich aus Südindien
und ist in Sri Lanka sehr
populär.

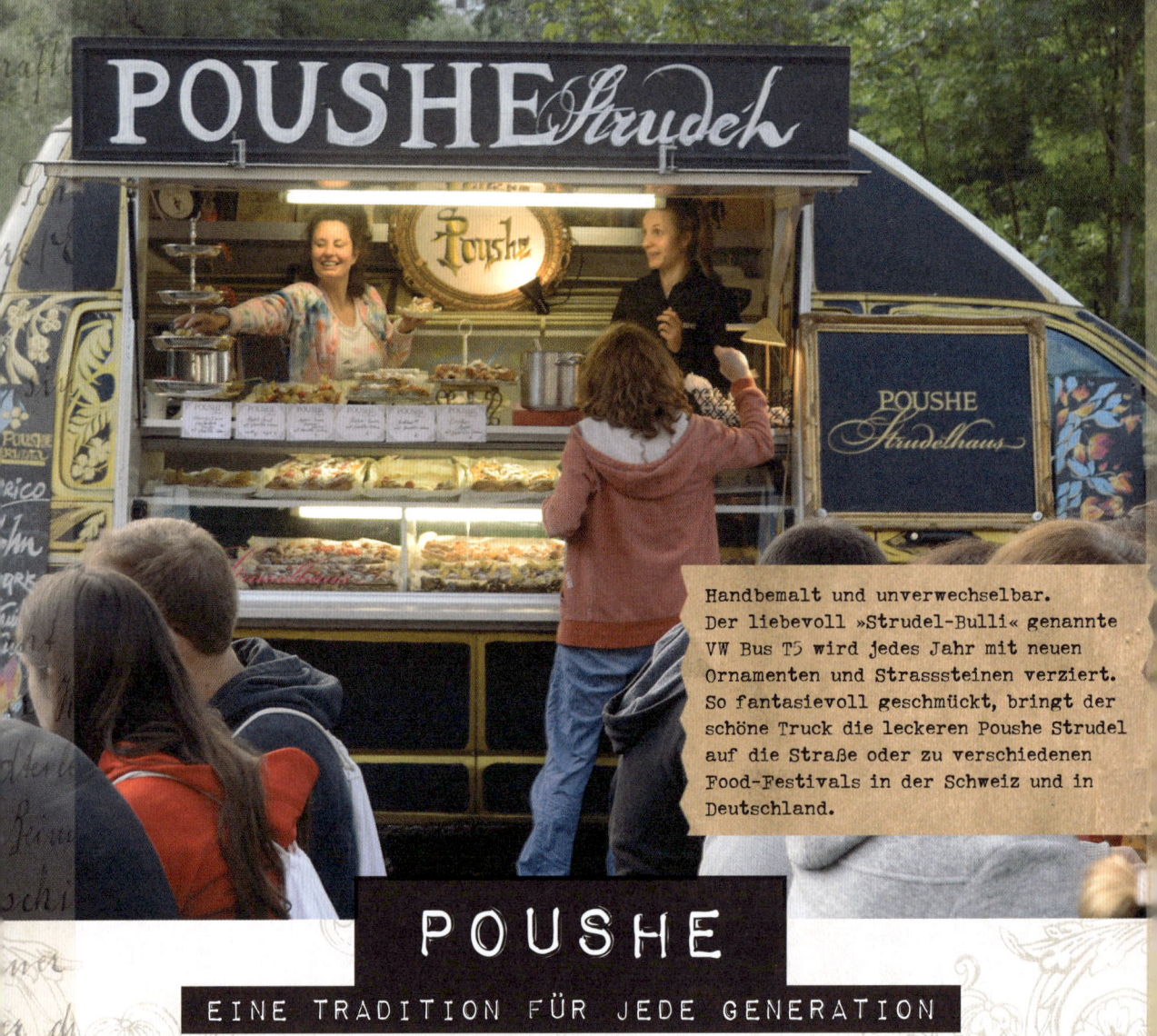

Handbemalt und unverwechselbar. Der liebevoll »Strudel-Bulli« genannte VW Bus T5 wird jedes Jahr mit neuen Ornamenten und Strasssteinen verziert. So fantasievoll geschmückt, bringt der schöne Truck die leckeren Poushe Strudel auf die Straße oder zu verschiedenen Food-Festivals in der Schweiz und in Deutschland.

POUSHE

EINE TRADITION FÜR JEDE GENERATION

»Die Geschichte beginnt im alten Bulgarien. Unsere Urgroßeltern besaßen dort eine Mühle und waren Zuckerbäcker von Beruf. Wir sind in einer kulinarischen Idylle aufgewachsen. Je nach Saison wurden wir mit Strudel in süßen und salzigen Variationen verwöhnt. Aus diesen überlieferten Rezepten und der Kreativität unserer Familie entstand der ›Poushe Strudel‹.« Diese Tradition setzt sich nun fort. Mutter Ivanka, eigentlich Theaterregisseurin, und ihre drei Töchter Vassilena, Vania und Violeta betreiben bereits drei Strudelbackstuben in Zürich.

Obwohl alle drei Töchter eine gastrofremde Ausbildung wählten – Vania und Vassilena absolvierten eine gestalterische Berufsausbildung, Violeta studierte Mathematik –, sind nun alle im Familienbetrieb tätig. Im Jahr 2013 wurde der Betrieb um das Strudel-Mobil »Strudel-Bulli« erweitert.

Was erlebt man so unterwegs mit dem »Strudel-Bulli«?

»Die Seitenklappe des Strudel-Mobils ist auch ein Dach, auf dem sich bei Regen ein kleiner See bildet. Manchmal halten sich besonders coole Typen beim Warten oder Flirten an dieser Klappe fest. Einige der Jungs wurden dabei auch schon ziemlich nass.« Die jungen Frauen sind sehr spontan und erfinderisch, da kann es auch mal vorkommen, dass sie im Stau zwischen München und Zürich auf der Autobahn ihren Strudel verkaufen.

Violeta, Ivanka, Vania und Vassilena

MOHNSTRUDEL

1 Strudel (für 4 Personen) · Zubereitungszeit: 10 Minuten · Backzeit: 20–25 Minuten

Füllung:

2 EL	Naturjoghurt
100 g	Zucker
2 TL	Vanillezucker
100 g	Mohn (ungemahlen oder gemahlen)
3	Eier

Teig:

120 g	fertige Strudelteig-blätter
	flüssige Butter zum Bestreichen

1. Für die Füllung den Joghurt, den Zucker, den Vanillezucker und den Mohn mit einem Schneebesen verrühren, dann die Eier dazugeben und unterrühren. Die Mischung darf nicht zu flüssig werden.

2. Den Backofen auf 180 Grad vorheizen.

3. Die Strudelteigblätter nach Packungsanweisung voneinander lösen, auf einem feuchten Küchenhandtuch auslegen und mit flüssiger Butter bestreichen, dann die Teigblätter wieder aufeinanderlegen. Die Füllung auf den unteren zwei Dritteln des Teiges verteilen. Etwa 4 cm Rand zum Einschlagen frei lassen.

4. Die Schmalseiten einschlagen und den Teig samt Füllung mithilfe des Tuches einrollen. Den Strudel mit etwas flüssiger Butter bestreichen und im vorgeheizten Ofen 20–25 Minuten backen. Während des Backens mehrmals mit Butter bestreichen.

TIPP:
Mit Puderzucker bestreuen und mit frischen Beeren servieren.

APFELSTRUDEL

4 kleine Strudel · Zubereitungszeit: 10 Minuten · Backzeit: 20–25 Minuten

Füllung:

2-3 große	süßsaure Äpfel
70 g	Zucker
100 g	Paniermehl
1 EL	Zimt
20 ml	Sonnenblumenöl

Teig:

120 g	fertige Strudelteig-blätter
	flüssige Butter zum Bestreichen

1. Die Äpfel schälen, entkernen und klein raspeln oder schneiden. Mit den restlichen Zutaten für die Füllung mischen.

2. Den Backofen auf 180 Grad vorheizen.

3. Die Strudelteigblätter nach Packungsanweisung voneinander lösen, auf einem feuchten Küchenhandtuch auslegen und mit flüssiger Butter bestreichen. Anschließend in vier Stücke teilen. Die Füllung jeweils in der Mitte der Teigblätter verteilen und etwa 2 cm Rand zum Einschlagen frei lassen.

4. Die Ecken zur Mitte falten, die Teigstücke zu einem Päckchen formen und erneut mit etwas flüssiger Butter bepinseln.

5. Die Strudel im vorgeheizten Ofen 20–25 Minuten backen. Während des Backens mehrmals mit Butter bestreichen.

TIPP:
Die Strudel mit Puderzucker und Karamellspänen dekorieren und mit Vanilleeis oder -creme servieren.

La Dolce Vita. Der von den Freunden Davide und Andrea umgebaute Fiat Ducato erstrahlt in einem wunderschönen Grün-Blau, das an das Italien der Sechziger- und Siebzigerjahre erinnert.

GABRIELE STREETFOOD

FATTO A MANO CON CUORE

Gabriele arbeitete früher als Weinhändler, bevor er sich entschloss, den Schritt in die Selbstständigkeit zu wagen. Als diplomierter Sommelier und Marketingfachmann besitzt er das nötige Rüstzeug, um mit seinen italienischen Gerichten im boomenden Food-Truck-Business zu bestehen. Neben der klassischen Lasagne umfasst sein breites Angebot auch Spezialitäten wie Gnocchi am Spieß oder vegetarische Riesen-Ravioli. Bei »Gabriele Streetfood« ist alles hausgemacht, selbstverständlich auch die Pasta für die feine Lasagne. Die Rezepte sind alte und streng gehütete Familiengeheimnisse. Apropos Familie: Entscheidenden Anteil an seinem Erfolg haben Mutter Maria und Vater Vincenzo. Maria ist die gute Seele des Betriebs. Alle Rezepte werden mit ihr abgesprochen und von ihr probegekocht, bevor sie ins Angebot von Gabriele aufgenommen werden. So hat man die Gewissheit, an Gabrieles Truck nur mit den besten italienischen Gerichten verwöhnt zu werden. Und sollte wider Erwarten am Ende eines langen Tages noch Essen übrig bleiben, unterstützt Gabriele damit das regionale Asylzentrum oder Freunde mit Familien.

Kannst du dich noch an deinen ersten Tag als Food Trucker erinnern?
»Dieser Tag wird mir für immer in guter Erinnerung bleiben. Als erste Kunden durften wir eine Familie mit zwei kleinen Kindern begrüßen. Am Abend kamen sie wieder. Die Mutter berichtete, dass den Kindern das Essen so gut geschmeckt habe, dass sie ab jetzt nicht mehr zu Hause, sondern nur noch bei mir essen wollten. Ein ganz besonderes Lob aus Kindermund, vor allem wenn man bedenkt, dass ›Gabriele Streetfood‹ keine Cola oder andere Süßgetränke verkauft.«

TIPP:
Als Beilage eignet
sich Tomatensauce
oder Pesto.

GNOCCHI AM SPIESS

4 Personen · Zubereitungszeit: 30 Minuten · Kochzeit: 1 Stunde

....

1 kg	mehligkochende Kartoffeln
2	Eier
	Salz
1 Prise	frisch geriebene Muskatnuss
100 g	Parmesan, fein gerieben
350 g	Mehl
	Mehl zum Arbeiten
	Olivenöl zum Anbraten

1. Die Kartoffeln in der Schale weich kochen. Dann abgießen, schälen und durch ein Passevite pressen.

2. Das Kartoffelmus auf einer Arbeitsfläche ausbreiten und mit den Händen in der Mitte eine Mulde formen.

3. Eier, 1 Prise Salz, Muskatnuss, Parmesan und etwas mehr als die Hälfte des Mehls in die Mulde geben. Zu einem Teig verkneten und immer etwas Mehl hinzufügen, bis eine homogene Masse entsteht.

4. Die Arbeitsfläche und die Hände bemehlen. Die Teigmasse jeweils zu fingerdicken Rollen formen. Jede Teigrolle mit einem Messer in ungefähr 4 cm lange Stücke schneiden.

5. Salzwasser zum Kochen bringen und die Gnocchi portionenweise darin ziehen lassen, bis sie an die Oberfläche steigen. Durch ein Sieb abgießen und auf einem Tuch trocknen lassen.

6. Jeweils fünf Gnocchi auf einem Bambusspieß aufspießen und die Spieße in etwas Öl goldbraun braten.

RAVIOLONE

8–10 Riesen-Ravioli · Zubereitungszeit: 30 Minuten (plus ca. 1 Stunde Ruhezeit)

Teig:

350 g	Weißmehl
5	Eier
1 Prise	Salz
½ EL	Olivenöl
150 g	mittelgrober Hartweizengrieß

Füllung:

1	Aubergine
1	Zucchini
½	Karotte
1	Peperoni (Paprikaschote)
¼	Zwiebel
100 g	kleine Erbsen
300 g	Ricotta
1 EL	Salz
1 Prise	Pfeffer aus der Mühle
	Olivenöl zum Anbraten

1. Für den Teig das Mehl auf einer Arbeitsfläche zu einem Berg sieben und in der Mitte eine Mulde formen.

2. Die Eier, das Salz, das Olivenöl und den Hartweizengrieß in die Mulde geben, vermischen und ungefähr 10 Minuten kneten, bis ein glatter Teig entsteht. Den Teig zu einer Kugel formen und in Frischhaltefolie gewickelt etwa 1 Stunde im Kühlschrank ruhen lassen.

3. Für die Füllung die Aubergine, die Zucchini und die Karotte in 5 mm große Würfel schneiden. Die Peperoni halbieren, entkernen und ebenfalls klein würfeln. Die Zwiebel sehr fein hacken.

4. Etwas Olivenöl in einer Pfanne erhitzen und die Zwiebel darin andünsten. Die Gemüsewürfel und die Erbsen dazugeben und weiterdünsten. Vom Herd nehmen und abkühlen lassen.

5. Das Gemüse mit dem Ricotta mischen und mit Salz und Pfeffer abschmecken.

6. Den Teig ungefähr 1 mm dick auswallen oder durch die Nudelmaschine lassen und in etwa 10 x 15 cm große Rechtecke schneiden. 1 gehäuften Esslöffel Füllung in die Mitte jedes Teigblatts geben. Den Teigrand mit etwas Wasser benetzen und mit einem weiteren Teigblatt bedecken. Den Rand mit dem Daumen zusammendrücken und mit einem Raviolischneider gerade schneiden.

7. Salzwasser zum Kochen bringen. Die Raviolone vorsichtig ins kochende Wasser geben, die Hitze reduzieren und die Raviolone ziehen lassen, bis sie an die Oberfläche steigen. Mit einem Schaumlöffel aus dem Wasser heben und auf einem Tuch leicht trocknen lassen.

8. In einer Pfanne Olivenöl erhitzen und die Raviolone darin rund 1 Minute pro Seite goldbraun anbraten.

TAFELSILBER –
401 DISHES
DER PIONIER

Regula ist die Geschäftsführerin von »401 dishes«, Fabian waltet als Koch vor Ort. Bevor bei Regula und ihrem Team der Plan reifte, einen Food Truck auf die Räder zu stellen, waren sie selbst unzufriedene Mittagesser, die tagsüber vor ihrem Computer lieblos zubereitete Sandwiches verdrückten. Diesem Missstand wollten sie mit ihrem Truck Abhilfe schaffen. »401 dishes« steht seither für eine ausgewogene und qualitativ hochwertige Küche. Sie sprechen vor allem die Erwerbstätigen an, die über Mittag nach einem guten Essen Ausschau halten. Für Caterings kochen sie gerne auch mal opulent und aufwendig. An Festivals servieren sie typisches Streetfood wie Pulled Pork Burger oder Meat Balls. Eine Auswahl an Senfsorten, Saucen und Sirups gibt es als Give-aways oder im Verkauf. Ihr beeindruckender Airstream war eine der ersten rollenden Küchen in Zürich. Mit seinen fast neun Metern Länge ist ihr Truck ein echter Hingucker und lässt amerikanisches Flair aufkommen.

Wie lief eure Premiere ab?
»Spektakulär. Als wir das Stromkabel anschließen wollten, erzeugten wir einen grandiosen Kurzschluss, und alle Geräte auf dem Truck segneten unisono das Zeitliche. Zu allem Überfluss erstreckte sich der Stromausfall auch auf die angrenzenden Büros, Museen und Galerien. Wir standen alle unter Schock. Für die Zubereitung des Essens konnten wir aber in eine nahegelegene Küche ausweichen, die glücklicherweise von der Strompanne nicht betroffen war. Der Spruch ›Habt ihr heute Strom?‹ wird uns wohl auf ewig begleiten.«

USA Airstream aus dem Jahr 1974,
Modell Overlander, Aluminium matt
poliert mit korallenfarbenem
Interieur.

126

PULLED PORK BURGER
MIT BBQ-SENF

4 Personen (ca. 10 kleine Burger) · Marinieren: 24–72 Stunden ·
Zubereitungszeit: 30 Minuten (plus 10–12 Stunden Garzeit)

Gewürzmischung:

2 EL	Zimt
2 EL	Senfpulver
4 EL	Paprikapulver
4 EL	geräuchertes Paprikapulver
2 EL	brauner Zucker
3 EL	Kreuzkümmel

Fleisch:

3 EL	BBQ-Senf
100 ml	Ahornsirup
1½ kg	Schweinehals (Garverlust 30-40 %)
10	Burgerbrötchen, ca. 6 cm Durchmesser

1. Die Gewürze in einer Schüssel mischen.

2. Den BBQ-Senf und den Ahornsirup in den Schweinehals einmassieren, dann das Fleisch mit der Gewürzmischung einreiben. Das Fleisch ganz satt und fest in Klarsichtfolie einwickeln, zweifach umwickeln und gut abdichten. Im Kühlschrank 24–72 Stunden ruhen lassen, damit die Marinade ins Fleisch eindringen kann.

3. Den Backofen auf 90 Grad Umluft vorheizen.

4. Das Fleisch aus der Klarsichtfolie nehmen, in eine Auflaufform legen und in der Mitte des vorgeheizten Backofens 10–12 Stunden garen lassen.

5. Das Fleisch aus dem Ofen nehmen und in Alufolie einwickeln. 1 Stunde bei Zimmertemperatur ruhen lassen, damit sich der Saft im Fleisch verteilen kann.

6. Das Fleisch aus der Alufolie auspacken und von Hand in grobe Stücke zerzupfen (= »pulled«).

7. Vor dem Servieren das Fleisch mit dem Senf und der Restflüssigkeit vom Blech vermischen und kurz anbraten. Das Fleisch in den aufgeschnittenen Burgerbrötchen servieren.

TIPP:
Pro Burger je 1 Burgerbrötchen halbieren, in einer Bratpfanne rösten und die Hälften großzügig mit dem BBQ-Senf einstreichen. (BBQ-Senf kann auch bei »Tafelsilber - 401 dishes« bestellt werden.) Das angebratene und erwärmte Fleisch mit einem Blatt Lollo rosso zwischen die Brötchen legen und nach Belieben mit rohen oder gerösteten Zwiebeln garnieren. Dazu können Pommes frites oder handgeschnittene Country Fries serviert werden.

CONFIERTER LACHS

4 Personen · Zubereitungszeit: 20 Minuten · Backzeit: 8–12 Minuten

600 g	Lachsfilet mit Haut (150 g pro Person)
1	Knoblauchzehe
1 Bund	Dill
250 ml	Olivenöl
2 TL	Fleur de Sel
1 Prise	schwarzer Pfeffer aus der Mühle

1. Das Lachsfilet in vier Portionen à ungefähr 150 g schneiden. Das Fett wegschneiden und den Fisch mit Küchenpapier abtupfen.

2. Für die Marinade den Knoblauch durchpressen und den Dill fein hacken. Den Knoblauch mit dem Olivenöl, Salz, Pfeffer und der Hälfte des Dills in einer Schüssel vermischen (die andere Hälfte des Dills für die Garnitur verwenden).

3. Den Backofen auf 80 Grad Ober-/Unterhitze vorheizen.

4. Die Lachstranchen in der Marinade wenden und ungefähr 5 Minuten ziehen lassen.

5. Die marinierten Lachstranchen in einer heißen Bratpfanne auf der Hautseite kurz anbraten (aufgrund der ölhaltigen Marinade kann auf zusätzliches Bratfett verzichtet werden).

6. Die Lachstranchen auf ein mit Backpapier belegtes Blech legen und im vorgeheizten Ofen 8–12 Minuten backen, bis die ersten Proteinperlen auf dem Lachs zu sehen sind. Sofort aus dem Ofen nehmen, damit die Filets schön glasig bleiben.

7. Die Lachstranchen auf Tellern anrichten und mit dem restlichen gehackten Dill garniert servieren.

TIPP:
Den Lachs mit rotem Camargue-Reis oder einem fruchtigen Cranberry-Reis servieren.
Am besten schmeckt das Gericht mit Dattel-Orangen-Senf, der bei »401 dishes« bestellt werden kann.

Livia und Carola

Der intern liebevoll »unser Bussi«
genannte Truck ist ein königs-
blauer Fiat Ducato.

CHADAFÖ

DAS FEUERHAUS

Der Begriff »Chadafö« bedeutet wörtlich Feuerhaus und bezeichnet im Engadin eine Küche. Wegen der Brand-
gefahr in den Holzhäusern war dies früher der einzige Ort, an dem Feuer entfacht werden durfte. Eine etwas
modernere und mobile Küche betreiben Carola und Livia. Neben ihrem Leben als Food Truckerinnen sind beide
noch berufstätig: Carola arbeitet als Lehrerin, Livia ist frei praktizierende Logopädin.
Zu öffentlichen Anlässen servieren sie gefüllte Brote, Suppen und andere kleine Köstlichkeiten. Begehrt ist
besonders ihr Laap, eine vegane Variante des laotischen Nationalgerichts. Für private Anlässe werden im
persönlichen Gespräch mit den Kunden individuelle Menüs kreiert. Eine frische, farbige und gesunde Küche ist
ihr Credo. Die beiden Frauen wollen wortwörtlich hinter dem stehen können, was sie servieren. Große Unterstützung erhalten Carola und Livia von Freunden und Familie, die ihnen bei diversen Events tatkräftig zur Seite
stehen. Bereits legendär ist ihr jährliches Festessen, zu dem sie alle Helferinnen und Helfer einladen.

Wo habt ihr euren Truck gekauft?
»Obwohl absolut gesetzeskonform, war der Erwerb für uns eine sehr spannende Geschichte. Die Übergabe fand
in finsterer Nacht in einer von durchaus zwielichtigen Gestalten besuchten Bar nahe der Schweizer Grenze statt.
Dass dabei ein Kuvert voller Bargeld quasi unter dem Tisch gegen die Autoschlüssel eingetauscht wurde, können
wir weder bestätigen noch dementieren.«

TIPP:
Wenn es mal schnell
gehen soll, können
auch Kidneybohnen aus
der Dose verwendet
werden.

CHILI MIT LINSEN

DIE VEGANE VARIANTE VON CHILI CON CARNE

4 Personen · Zubereitungszeit: 15 Minuten (plus 12 Stunden Einweichen) · Kochzeit: 90 Minuten

150 g	rote Kidneybohnen
200 g	grüne Linsen
2	Zwiebeln
2	Knoblauchzehen
3-4	festkochende Kartoffeln
6	Tomaten
1 Zweig	Rosmarin
2 EL	Olivenöl
1 Dose	Mais
200 ml	Rotwein
200 ml	Gemüsebouillon
	Chiliflocken oder frisch gehackte Chilischoten
	Cayennepfeffer, Salz, Pfeffer aus der Mühle
1/2 Bund	Petersilie, frisch gehackt

1. Die Kidneybohnen 12 Stunden in kaltem Wasser einweichen.

2. Am nächsten Tag abgießen und in frischem Wasser ungefähr 1 Stunde weich kochen. Nach 25 Minuten die Linsen dazugeben und mitkochen. Abgießen und abtropfen lassen.

3. Die Zwiebeln fein hacken und die Knoblauchzehen durchpressen. Die Kartoffeln in kleine Würfel schneiden. Die Tomaten fein hacken.

4. Die Zwiebeln und den Knoblauch mit dem Rosmarinzweig in etwas Olivenöl anbraten. Die Bohnen, Linsen, Maiskörner, Kartoffeln und Tomaten dazugeben, alles gut vermischen und den Rotwein sowie die Bouillon darübergießen. Nach Belieben mit Chiliflocken oder gehackten -schoten, Cayennepfeffer sowie Salz und frisch gemahlenem Pfeffer würzen.

5. Das Chili rund 15 Minuten köcheln lassen, bis die Kartoffeln weich sind. Zum Servieren mit der gehackten Petersilie bestreuen.

Das Chili kann mit Brot, Reis oder in einem aufgeschnittenen Brot angerichtet werden.

LAAP

EINE VEGANE VARIANTE DES LAOTISCHEN NATIONALGERICHTS

4 Personen · Zubereitungszeit: 10 Minuten · Backzeit: 3–5 Minuten

100 g	getrocknete Soja-Schnetzel
	Sojasauce
3	Limetten, Saft
200 g	Stangenbohnen
250 g	Champignons
2	Frühlingszwiebeln
1	rote Chilischote
150 g	Erbsen, frisch oder tiefgekühlt
	Salz
1 Bund	Koriander
1/2 Bund	Pfefferminze

1. Die Soja-Schnetzel mit kochendem Wasser übergießen, bis sie damit bedeckt sind. Etwas Sojasauce und den Saft von 1 Limette dazugeben, alles gut vermischen. Etwa 20 Minuten stehen lassen und gelegentlich umrühren.

2. In der Zwischenzeit die Stangenbohnen halbieren und die Champignons in Scheiben schneiden. Die Frühlingszwiebeln mit den grünen Stängeln in dünne Scheiben schneiden, die Chilischote klein hacken.

3. Die Bohnen in einen Topf mit kochendem Wasser geben und kochen, bis sie knapp gar sind, aber noch Biss haben. Das Wasser abgießen und abtropfen lassen.

4. Die Pilze und die Soja-Schnetzel dazugeben und etwa 10 Minuten unter häufigem Rühren mitköcheln.

5. Die Chilis, die Erbsen und die Frühlingszwiebeln dazugeben und mit dem restlichen Limettensaft, Sojasauce und falls nötig Salz abschmecken.

6. Die Korianderblättchen abzupfen und die Minze in feine Streifen schneiden. Beides kurz vor dem Servieren unter das Laap mischen.

SERVIER-
VORSCHLAG:
Laap kann warm oder
kalt als Salat oder
auch mit frischem
Gemüse wie Gurken-
scheiben oder Karotten-
streifen gegessen werden.
Dazu passt Kleb- oder
Parfümreis.

Der italienische Piaggio Ape ist ganz
in Schwarz gehalten. Das Logo stammt
von dem bekannten Berner Rapper Baze.

DE PALMA

UNTER STROM

Stefania aus Bern hat südländische Wurzeln und ist die Besitzerin des »De Palma«. Die gelernte Köchin absolvierte ihre Lehre im »Les Amis« in Bern. Anschließend arbeitete sie fünf Jahre in einem mit zwei Michelin-Sternen ausgezeichneten Restaurant in Spanien. Zurück in der Schweiz, erfüllte sie sich ihren Traum, kaufte einen Piaggio Ape und baute diesen zu einem Food Truck um. Dass sie allein ein Unternehmen gegründet hat, erstaunt sie eigentlich selbst. Denn anders als ihre Eltern, die ein Restaurant führten, wollte sie sich nie selbstständig machen. Stefania wird oft für Caterings gebucht und serviert ihren Gästen gern frische und saisonale Gerichte. An ihrem Truck ist alles selbst gemacht; er erinnert ein wenig an ein Gefährt aus einem italienischen Mafiafilm. Der schwarze Look und die beiden gekreuzten Knochen im Logo sind ein rebellisches Statement. Stefania hat übrigens eine eindrucksvolle Statistik vorzuweisen: Seit Beginn ihrer Trucker-Laufbahn hat sie bis dato 853 844 Essen gekocht, 599 Drinks selbst gemixt, ist 6793 Kilometer gefahren und hat dabei 1 Glas zerschlagen.

Unter Strom

»Zu Beginn war der Truck nicht geerdet, sodass meine Kunden und ich immer wieder mit sanften Stromstößen beschenkt wurden. Es war zwar nie richtig gefährlich, doch mit der Zeit schon etwas irritierend. Wer hätte gedacht, dass ein kleiner Draht unter der Theke dieses Problem lösen würde? Heute stehe ich bei den vielen Caterings zwar immer noch ein wenig unter Strom, aber jetzt kenne ich wenigstens den Grund.«

TIPP:
Die Pitabrote können mit
paniertem Poulet (Huhn),
rotem Kabis (Rotkohl),
Rucola, Tahinasauce,
Tomaten-Gurken-Würfel-
chen und Pesto genovese
gefüllt werden. Oder auch
mit gegrillten Auberginen,
Zucchini und Peperoni (Pap-
rikaschoten).

650 g	Weißmehl
175 ml	lauwarme Milch
1 Würfel	frische Hefe (42 g)
10 g	Zucker
1	Ei
50 ml	Olivenöl
	Salz
20 ml	Milch
10 g	schwarze Sesamsamen
	Öl zum Bestreichen

1. Das Mehl in eine Schüssel geben. In einer anderen Schüssel die lauwarme Milch, 175 ml lauwarmes Wasser, die Hefe und den Zucker vermengen, zum Mehl geben und alles gut vermischen. Rund 15 Minuten zugedeckt gehen lassen.

2. Das Ei trennen. Das Eiweiß, 1/2 Eigelb (die andere Hälfte zum Bestreichen beiseitestellen), das Olivenöl und 15 g Salz zum Teig geben und 5–10 Minuten durchkneten. Den Teig 30 Minuten gehen lassen.

3. Den Teig in golfballgroße Stücke teilen. Diese Stücke zu runden Teigfladen von etwa 15 cm Durchmesser und 5 mm Dicke auswallen. Auf ein leicht geöltes Backpapier legen und weitere 45 Minuten gehen lassen.

4. Den Backofen auf 200 Grad vorheizen und eine Schüssel mit Wasser in den Ofen stellen.

5. Das restliche Eigelb mit der Milch und 1–2 g Salz verrühren. Die Teigfladen damit bestreichen und dann mit den Sesamsamen bestreuen. Die Pitabrote im vorgeheizten Ofen etwa 15 Minuten backen.

Hinweis:
»Homemade Schnitzel Pita« bekommt man in Israel an jeder Straßenecke. Das Rezept ist von meinem israelischen Schwager, »Itamar Adar«.

PESTO ALLA GENOVESE

4 Personen · Zubereitungszeit: 10 Minuten

....

1	Knoblauchzehe
1 TL	grobes Meersalz
50 g	frische Basilikumblätter
15 g	Pinienkerne
30 g	Pecorinokäse, gerieben
70 g	Parmesankäse, gerieben
100 ml	Olivenöl extra vergine

1. Die Knoblauchzehe mit wenig Salz im Mörser zerkleinern.

2. Nach und nach die Basilikumblätter mit wenig Salz beigeben und langsam mit dem Mörser zu einem Brei verarbeiten. Die Pinienkerne ebenfalls hinzufügen und mit dem Mörser zerkleinern.

3. Den Käse und das Olivenöl unter die Masse mischen und abschmecken.

PAKORAS

Fresh and crispy!

MANGO
CREME

Aufwendig restauriert und mit einer hochmodernen Restaurantküche ausgestattet, passt der silberne Airstream »Safari« Jahrgang 1966 aus Jackson/Ohio, USA, perfekt zu den Werten seiner Besitzer: hochwertig, aber nicht abgehoben, außergewöhnlich, aber nicht zu exotisch.

DESI FOOD

INDIAN DREAMS

Nach vierundzwanzig Jahren als IT-Managerin wurde es Zeit für eine neue Herausforderung. So kam Fauzia, aufgewachsen in Lahore, Pakistan, auf die Idee, die beiden Kulturen Punjab und Schweiz kulinarisch miteinander zu verbinden, und gründete die Firma DESI Food. Spezialitäten aus Fauzias Heimat, dem Punjab, kocht sie nun mit besten Schweizer Rohprodukten. Da ein Restaurant mit festem Standort für sie nicht infrage kommt, ist ein mobiler Food Truck genau das Richtige. Ihr Partner Beat, diplomierter Betriebswirtschafter, war von ihrer Idee begeistert und arbeitet jetzt Teilzeit für »DESI Food«. So fahren die beiden nun seit 2014 mit einem silbrigen Airstream durch die ganze Schweiz.

Wie reagiert die Kundschaft auf euer Angebot?
»Wir wollen die Menschen für Neues begeistern. Wenn wir sehen, wie sie vor Freude strahlen, wenn wir ihnen das Essen überreichen, macht uns das glücklich und stolz. Wenn sie erfahren, dass Pakoras aus Kichererbsen, Mehl und Gemüse hergestellt werden, bestellen einige Männer doch lieber das Fleischgericht. Die Frauen sind da viel offener. Wir beobachten häufig, wie die Frauen ihre Männer sanft dazu überreden, auch einmal von den Pakoras zu probieren. Nicht wenige kehren danach zum Stand zurück und bestellen gleich zwei Portionen. Ein Mann sagte uns kürzlich, er liebe Fleisch, aber so etwas Gutes habe er noch nie gegessen.«

PAKORAS

4 Personen · Zubereitungszeit: 30 Minuten · Kochzeit: 5 Minuten

150 g	Kartoffeln
150 g	Zwiebeln
1/2 Bund	Petersilie
300 g	Kichererbsenmehl
3 TL	extra scharfes Chilipulver
3 TL	Kümmel, geröstet und gemahlen
3 TL	Koriandersamen, grob gemahlen
3 TL	Salz
	Sonnenblumen-, Erdnuss- oder Rapsöl zum Frittieren (kein Olivenöl)

1. Die Kartoffeln in kleine Stäbchen oder Stücke raffeln, die Zwiebeln hacken, die Petersilie fein hacken.

2. Das Kichererbsenmehl mit den Gewürzen vermischen. Unter ständigem Rühren nach und nach 400 ml Wasser dazugeben. Die Kartoffeln, die Zwiebeln und die Petersilie dazugeben und alles gut verrühren.

3. Das Öl in einer tiefen Pfanne oder im Wok erhitzen. Ein Tröpfchen Teig ins Öl geben. Wenn es nach unten sinkt, ist das Öl noch nicht heiß genug. Sobald es nach oben steigt und brutzelt, kann man mit dem Frittieren beginnen. Falls sich viele kleine Kügelchen bilden, ist das Öl zu heiß; dann zuerst die Hitze reduzieren.

4. Mit einer kleinen Schöpfkelle den flüssigen Teig ins Öl geben und die Pakoras im Öl schwimmend von beiden Seiten goldbraun frittieren. Auf einem Küchenpapier entfetten.

SERVIER-
VORSCHLAG:
Die Pakoras heiß auf
einer Platte anrichten
und zum Beispiel mit
Mangochutney servieren.

LAHORI BEEF

4 Personen · Zubereitungszeit: 30 Minuten ·
Kochzeit: 2 Stunden

....

1-2	Zwiebeln
3	Knoblauchzehen
2 Stücke	Ingwer, daumengroß
3 EL	Sonnenblumen- oder Rapsöl
1/2 TL	extra scharfes Chilipulver
1/2 TL	Kümmel, geröstet und gemahlen
1/2 TL	Koriandersamen, grob gemahlen
2 TL	Salz
500 g	Rindergeschnetzeltes
125 g	passierte Tomaten oder gehackte Tomaten aus der Dose

1. Die Zwiebeln, den Knoblauch und den Ingwer
zusammen pürieren.

2. Das Öl in einem Topf erhitzen und das Püree
aus Zwiebeln, Knoblauch und Ingwer darin unter
Rühren leicht anbraten.

3. Die Gewürze dazugeben und rühren, bis alles gut
gemischt ist. Das Fleisch dazugeben und kräftig
anbraten. Die passierten oder gehackten Tomaten
daruntermischen.

4. Das Fleisch auf kleiner Hitze zugedeckt
1 – 1 1/2 Stunden köcheln. Ab und zu durchrühren,
damit es nicht anbrennt.

5. Zum Schluss die Flüssigkeit ohne Deckel etwa
auf Saucenkonsistenz einkochen lassen.

Serviervorschlag:
Das Lahori Beef in einer Schale anrichten, mit glatter
Petersilie garnieren und zusammen mit Joghurt und
frischem Roti (Fladenbrot, siehe folgendes Rezept)
oder Basmatireis servieren.

ROTI (FLADENBROT)

4 Personen · Zubereitungszeit: 10 Minuten
(plus 30 Minuten Ruhezeit)

....

300 g	Halbweißmehl
1/2 TL	Salz
	Mehl zum Bestäuben

1. Das Mehl mit dem Salz vermischen. Nach und
nach 200 ml Wasser dazugeben und alles zu einem
glatten Teig kneten. 30 Minuten zugedeckt ruhen
lassen.

2. Aus dem Teig Bällchen von etwa 5 cm Durchmes-
ser formen (ergibt acht bis neun Stück). Diese mit
Mehl bestäuben und zu etwa 3 mm dicken runden
Fladen auswallen.

3. Eine Bratpfanne, die größer ist als die Teigfladen,
erhitzen. Wenn die Pfanne heiß ist, die bemehlten
Teigfladen nacheinander vorsichtig hineingeben.
Sobald der Teig kleine Blasen schlägt, das Fladenbrot wenden. Das Brot mehrmals in der Pfanne
wenden, bis es die typischen dunklen Stellen
bekommt.

Emma ist ein charmanter Piaggio Ape 500 AD 1 mit Jahrgang 1966.

EMMA & PAUL

DON'T SHAVE THE KING

Beim morgendlichen Kaffee auf seinem Balkon kam Tele auf die Idee, ein eigenes »Caffémobil« zu eröffnen. In Köln fand er das Modell, das seinen Vorstellungen entsprach. Die damaligen Besitzer nannten den »Ape« aus den Sechzigerjahren liebevoll Emma, ein Name, den er beibehalten hat. Da Tele sich irgendwann einen Hund namens Paul zulegen möchte, entstand daraus der Name »Emma & Paul«. Bis dahin wird aber sicher noch viel Kaffee durch die Kehlen seiner Kunden fließen. Zwischenzeitlich nennt Tele einfach seine Kaffeemaschine Paul. Eine elegante Lösung. Paul stammt aus einer kleinen italienischen Manufaktur, die Bohnen für seinen Kaffee aus der bekannten Rösterei Varesina. Tele, der fahrende Barista, ist mit »Emma & Paul« meist in den Gassen der Schweizer Hauptstadt Bern unterwegs. Immer öfter ist er aber auch schweizweit an diversen Events anzutreffen, bei denen Kaffeemaschine Paul zu Hochform auflaufen darf und Hunderte von Kaffees brüht. »Aber es geht mir nicht um die Menge, sondern darum, Menschen glücklich zu machen – und dabei ein bisschen auch mich selbst.«

Dein Bart hat inzwischen schon Kultstatus.
»Ja, das ist so«, schmunzelt Tele. »Während meiner Thailand-Ferien sah ich einen Engländer mit einem opulenten, schönen Bart. Cool, dachte ich. So einen will ich auch. Utensilien für meinen Bart besitze ich inzwischen fast so viele wie Kaffeebohnen. Wobei ich zu meiner Bartschere ein etwas angespanntes Verhältnis pflege. Denn mit jedem Millimeter weniger Bart verfinstert sich meine Laune. Zum Glück aber nur vorübergehend.«

CAPPUCCINO

1 Person · Zubereitungszeit: 5 Minuten

··

20 ml	Espresso (Mischung aus Robusta und Arabica)
40 ml	Milchschaum

Den Espresso in eine Tasse geben und den halb flüssigen Milchschaum zügig darübergießen. (Die Milch nicht über 70 Grad erhitzen, damit der Milchgeschmack nicht in den Vordergrund tritt.)

IL MAROCCHINO

1 Person · Zubereitungszeit: 5 Minuten

20 ml	Espresso
20 ml	Milchschaum
	Bitterschokolade

Den Espresso in ein Glas füllen, den Milchschaum dazugeben und etwas Bitterschokolade darüberraspeln.

CAFFÈ SHAKERATO

1 Person · Zubereitungszeit: 5 Minuten

40 ml	Espresso
8	Eiswürfel
2 TL	Zucker

Alle Zutaten in einen Shaker geben und circa 30 Sekunden gut schütteln. In ein Glas abfüllen und servieren.

TIPP:
Falls gewünscht, kann der Caffè shakerato mit Milch, Baileys oder Amaretto angereichert werden.

LE SCHNAUZ

CRÊPES & FLAMMEKUECHE

Die Idee, einen Citroën HY in eine fahrende Küche zu verwandeln, entstand vor einigen Jahren am Küchentisch von Joëlles Eltern. Ihren Traum hat die Betriebsökonomin und ehemalige Barchefin in einem Solothurner Club nun verwirklicht. Das Kochen lernte sie von ihrem Vater und ihrer Großmutter, die beide aus dem Elsass stammen. Deren Rezepte verwendet sie noch heute, und mit den leckeren Crêpes und Flammkuchen verbindet Joëlle viele schöne Kindheitserinnerungen. Ihr Freund Florian, Kaufmann und Marketingfachmann, ist die zweite Hälfte von »Le Schnauz«.

Der Schnauz des Vaters lieferte übrigens die Vorlage für den Namen des Food Trucks. »Mein Vater hat sich sehr darüber gefreut«, sagt Joëlle. »Das ursprüngliche Familienrezept haben wir etwas optimiert. Mein Vater glaubt aber immer noch, es wäre sein Rezept – also, erzählt es bitte nicht weiter.«

Die Crêpes und Flammkuchen werden übrigens aus hundertprozentig regionalen Zutaten hergestellt. Dafür arbeiten die beiden eng mit Solothurner Bauern, Metzgern und Käsern zusammen.

Was sollte man bei euch unbedingt probieren?

»›Machete‹ ist das Lieblingsgericht unserer Kunden. Es ist eine Crêpe mit Rinderhackfleisch an einer geheimen Gewürzmischung mit hausgemachter Guacamole, Sauerrahm und Chiliöl. Die Chilis stammen übrigens aus dem eigenen Garten.«

Himmelblauer Franzose. Der von Grund auf restaurierte Citroën HY mit Baujahr 1972 repräsentiert französische Geschichte und war bereits als Feuerwehrauto und Polizeiwagen auf den Straßen Frankreichs unterwegs.

ELSÄSSER FLAMMEKUECHE

3 Flammkuchen (Kuchenblechgröße) ·
Zubereitungszeit: 30 Minuten (plus 1 Stunde Ruhezeit) · Backzeit: 10 Minuten

Teig:

250 g	Mehl
3 EL	Rapsöl
½ TL	Salz
	Mehl für die Arbeitsfläche

Belag:

3 große	Zwiebeln
150 g	geräucherter Speck
250 g	Fromage Blanc (ersatz-weise 125 g Magerquark, mit 125 g Halbfett-quark gemischt)
250 g	Crème fraîche
	Salz, Pfeffer aus der Mühle, frisch geriebene Muskatnuss
1 EL	Rapsöl

1. Für den Teig das Mehl mit dem Rapsöl und dem Salz mischen. Nach und nach 150 ml lauwarmes Wasser hinzufügen, bis ein homogener Teig entsteht. Wenn er sich leicht klebrig anfühlt, ist er perfekt. Den Teig mit einem feuchten Tuch bedecken und 1 Stunde schwitzen lassen.

2. Den Backofen auf 250 Grad Umluft oder Grill vorheizen.

3. Für den Belag die Zwiebeln halbieren und in feine Ringe schneiden. Für einen bekömmlicheren Genuss die Zwiebeln in kochendem Wasser 2–3 Minuten blanchieren.

4. Den Speck in kleine Streifen schneiden. Den Fromage Blanc mit der Crème fraîche vermischen und mit Salz, Pfeffer sowie Muskat abschmecken. Am Schluss das Rapsöl unterrühren.

5. Den Teig in drei gleich große Stücke teilen und auf einer bemehlten Arbeitsfläche etwa 3 mm dick ausrollen. Der Teig ist leicht elastisch; daher sollte man ihn mehrmals drehen, um die klassische rechteckige Form zu erhalten.

6. Den ausgerollten Teig mit der Creme, den Zwiebeln und dem Speck belegen und auf einem Pizzastein oder alternativ auf einem mit Backpapier ausgelegten Blech im vorgeheizten Ofen 5–10 Minuten backen. Der Flammkuchen ist fertig, wenn der Rand schön braun ist und sich auf der Unterseite kleine Bläschen bilden.

CRÊPE POPEYE

4 Crêpes · Zubereitungszeit: 30 Minuten · Backzeit: 5 Minuten

Teig:

330 ml	Milch
2	Bio-Eier
1/2 TL	Salz
175 g	Mehl

Füllung:

1	Schalotte
	Rapsöl zum Anbraten
600 g	frischer Blattspinat
	Pfeffer aus der Mühle, Salz, frisch geriebene Muskatnuss
4	Walnusskerne
4 EL	eingelegte getrocknete Tomaten, in Stücken
200 g	Parmesan, gerieben
250 g	Ricotta
	Olivenöl zum Anbraten

1. Für den Crêpe-Teig die Milch mit den Eiern und dem Salz mischen. Nach und nach das Mehl beigeben und mit dem Schwingbesen gut unterrühren, damit sich keine Klümpchen bilden.

2. Für die Füllung die Schalotte in kleine Würfel schneiden. Etwas Rapsöl in einer Bratpfanne erhitzen und die Schalottenwürfel darin andünsten. Den Blattspinat dazugeben, untermischen und dünsten. Der Spinat ist fertig, wenn er leicht zusammengefallen ist.

3. Aus der Pfanne nehmen und mit Pfeffer, Salz sowie frisch geriebener Muskatnuss kräftig abschmecken.

4. Die Walnüsse grob hacken und die eingelegten getrockneten Tomaten in dünne Streifen schneiden.

5. Eine Crêpeplatte oder eine Bratpfanne erhitzen und mit wenig Olivenöl einreiben. Eine Suppenkelle voll Crêpeteig mittig auf die heiße Platte geben und mit dem Teigverteiler kreisförmig verteilen oder die Pfanne von Hand schwenken und den Teig so auf dem Pfannenboden gleichmäßig verteilen. Sobald sich die Crêpe von der Platte löst, einmal wenden.

6. Je ein Viertel des Parmesans und des Ricottas auf der einen Crêpehälfte verteilen. Ein Viertel des Blattspinats sowie je 1 Esslöffel der gehackten Walnüsse und der Tomaten dazugeben und alles mit Salz und Pfeffer würzen.

7. Die fertig belegte Crêpe in der Mitte falten und die Seiten einklappen, damit die klassische dreieckige Form entsteht.

GELATERIA DI BERNA

VIVA L'ITALIA

Die Gelateria di Berna ist nicht nur in Bern ein Begriff. Kenner meinen, man könne dort das beste Eis der Schweiz genießen. Gegründet wurde die Gelateria von Susanna und den Brüdern David, Michael und Hansmartin. Seit Kurzem verstärkt Andy das Team. Ihre schönen Erinnerungen an Ferien in Italien haben sie nachhaltig geprägt. Das Glück, als Kind vor der Vitrine einer Gelateria zu stehen und sich für tausend Lire ein Gelato auswählen zu dürfen, hat die Gelatieri zu ihrem Projekt inspiriert. Gelernt haben sie ihr Handwerk in den besten Gelaterien in Verona. Ihr Unternehmen begonnen haben sie danach in einer stillgelegten Käserei am Fuß des Belpbergs. Über ein Jahr haben sie dort ihre Carpigiani-Gelato-Maschine mit den unmöglichsten Zutaten drangsaliert.

Überraschungen schaffen und Bewährtes bewahren – das hat sich die »Gelateria di Berna« auf die Fahne geschrieben. Nach dem Traum einer eigenen Gelateria war ein »Gelato-Mobil« der nächste große Wunsch. So sind die Gelatieri jetzt auch mobil und verkaufen das wahrscheinlich beste Glace der Schweiz direkt vor Ort.

Welche Gelati-Kreationen begeistern eure Kunden besonders?

»Äußerst beliebt sind spezielle Kreationen wie zum Beispiel Grapefruit mit Pfeffer, Marzipan mit Mohnsamen oder Ananas mit Basilikum. Ein weiteres Highlight ist sicher unser Gelato Zabaione. Eigentlich klingen die Ingredienzien unspektakulär: Milch, Rahm, Eigelb und sizilianischer Marsala. Veroneser Gelatieri haben uns aber nach langen Gesprächen ihr Vertrauen geschenkt und uns in ihr Zabaione-Geheimnis eingeweiht. Mit diesem Wissen erschaffen wir ein Fest für die Sinne und bewahren ein Stück italienischer Geschichte.«

Gelateria di Berna

OFFEN

LIMONE di Sorrento

Michael, Hansmartin und Andy

Der Ape Piaggio in Rosa ist eine Augenweide und lässt schon von weiter Ferne entspannte Ferienstimmung aufkommen.

BEERENSORBET

FRUTTI DI BERNA

4 Personen · Zubereitungszeit: 30 Minuten · Gefrierzeit: 4 Stunden

120 ml	Wasser
120 g	Zucker
660 g	reife, frische Himbeeren
½	Zitrone, Saft
1 Stück	Ingwer, etwa daumendick

1. Das Wasser mit dem Zucker erwärmen und so lange rühren, bis sich der Zucker aufgelöst hat. Vom Herd nehmen und abkühlen lassen.

2. Die Beeren und den Zitronensaft beigeben, gut umrühren und die Beeren pürieren. Den Ingwer sehr fein hacken und untermischen.

3. Die Beerenmasse in den Tiefkühler stellen und etwa 4 Stunden gefrieren lassen.

TIPP:
Das gesamte Rezept kann mit Gewürzen und Beeren nach Wahl gemacht werden.

Eine Portion
[2 Sorten]
3.50

WAFFEL-CORNET

4 Personen · Zubereitungszeit: 15 Minuten (plus 2 Stunden Ruhezeit) · Backzeit: 20 Minuten

60 g	Zucker
100 g	Mehl
40 g	weiche Butter
1 TL	Vanillezucker
1/2	Ei
	Butter fürs Waffeleisen

1. Den Zucker in 100 ml warmem Wasser auflösen. Das Mehl dazugeben und die Masse glatt rühren.

2. Die Butter, den Vanillezucker und das Ei hinzugeben und alles gut verrühren. Den Teig 2 Stunden kühl stellen.

3. Jeweils ein Viertel des Teigs auf ein vorgefettetes Cornet-Waffeleisen geben und zu knusprigen, hellbraunen Waffeln backen.

4. Auf einem Backhörnchen oder einem Kegel aufrollen und noch heiß zu einem Cornet drehen.

5. Gut auskühlen lassen und mit Glace, Frozen Yoghurt oder heißen Früchten servieren.

Christian, Manh und Marco

FUCK, THAT'S DELICIOUS

Nach eigenen Plänen umgebauter und designter Trailer, Jahrgang 2015.

KM C B TOUR
0912 55780

BANH MI KITCHEN

JUST DELICIOUS

Begonnen hat die Geschichte von »Banh mi Kitchen« mit dem ersten Streetfood-Festival in Zürich. Ohne Truck und nur mit einem provisorischen Stand aus Europaletten ausgestattet, wollten Marco, Christian und Manh ihr Angebot testen. Nach vier Tagen, 1800 verkauften Banh mis und beträchtlichen Schmerzen in den Händen wussten sie: Das ist es!

Die drei setzen auf kleine Anlässe und Caterings. Qualität steht im Fokus ihrer Gerichte. Es ist eine frische und moderne Küche, nicht authentisch vietnamesisch, sondern vereinfacht und mit Schweizer Produkten hergestellt. Für die Banh-mi-Crew ist das beste Brot gerade gut genug. Deshalb wird ihr Brot speziell für sie von einem Schweizer Bäcker nach ihrem Rezept hergestellt. Ihr Angebot umfasst auch weitere Vietnam-Klassiker wie Banh bao, Sommerrollen oder Pho Bo. Ein anderes Standbein der drei ist ihr eigener Soulfood-Event, der sich großer Beliebtheit erfreut.

Ganz in Weiß

»Ein Pärchen aus Zürich besuchte an diversen Anlässen regelmäßig unseren Banh-mi-Stand. Sie waren von den Sandwiches so begeistert, dass sie uns kurzerhand als Catering für ihre bevorstehende Hochzeit buchten. Und so begab es sich, dass an festlichen, weiß gedeckten Tischen ein wundervolles Menü serviert wurde: Banh mi und edler Champagner. Eine zauberhafte Geschichte, die uns für immer in schöner Erinnerung bleiben wird.«

BANH MI

VIETNAMS STREETFOOD-KLASSIKER

4 Personen · Zubereitungszeit: 30 Minuten

Gemüse-Pickles:

250 g	Kohlrabi
250 g	Karotten
1 EL	Salz
200 ml	Weißweinessig
4 EL	Zucker

Sauce:

1	Knoblauchzehe
1 Stück	Ingwer, etwa daumengroß
8 EL	Mayonnaise
1 EL	Sojasauce

Brote:

2	Baguette-Brote
1/2	Salatgurke
150 g	dünn aufgeschnittenes Fleisch (z. B. Roastbeef)
1 Bund	Koriander, Blätter abgezupft Sriracha-Sauce (scharfe Chilisauce)

1. Die Kohlrabi und die Karotten in feine Streifen schneiden, in ein Sieb geben, mit dem Salz bestreuen und etwa 15 Minuten stehen lassen. Anschließend mit Wasser abspülen und abtropfen lassen.

2. Den Weinessig, 100 ml Wasser und den Zucker in eine Schüssel geben und verrühren, bis sich der Zucker aufgelöst hat. Die Kohlrabi und die Karotten dazugeben und alles gut vermischen.

3. Für die Sauce die Knoblauchzehe durchpressen, den Ingwer fein reiben. Die Mayonnaise, den Knoblauch, den Ingwer und die Sojasauce in einer Schüssel zu einer Sauce verrühren.

4. Die Brote längs halbieren und beide Schnittflächen jeweils mit der Sauce bestreichen.

5. Für die Füllung die Gurke in feine Streifen schneiden. Die untere Hälfte der Brote mit dem Fleisch, den Gemüse-Pickles und den Gurkenstreifen belegen und zuletzt einige Korianderblättchen und etwas Sriracha-Sauce darauf verteilen. Jeweils mit der oberen Brothälfte zudecken.

HINWEIS:
Das klassische vietna-
mesische Rezept Bun thit
nuong wird mit Schweine-
fleisch gemacht, nicht
wie hier mit Poulet.

REISNUDELSALAT MIT POULETSPIESS

BUN THIT NUONG

4 Personen · Zubereitungszeit: 50 Minuten (plus 4–5 Stunden Marinieren)

Gemüse-Pickles:

250 g	Kohlrabi
250 g	Karotten
1 EL	Salz
200 ml	Weißweinessig
100 ml	Wasser
3 EL	Zucker

Mariniertes Poulet:

1	Schalotte
1 EL	Erdnussöl
2 EL	Fischsauce
2 EL	süße Sojasauce
	Pfeffer aus der Mühle
8	Pouletspieße (à 80 g, z. B. Schenkelfleisch)
3/4 TL	Salz

Beilage:

100 g	Reisnudeln

Sauce:

4 EL	Fischsauce
4	Limetten, Saft
4 EL	Zucker
2	Knoblauchzehen
2	rote Chilischoten

Zum Garnieren:

	Koriander, Thai-Basilikum und Shiso (Sesamblatt)
2 EL	gesalzene Erdnüsse, fein gehackt

1. Für die Gemüse-Pickles die Kohlrabi und die Karotten in feine Streifen schneiden, in ein Sieb geben, mit dem Salz bestreuen und etwa 15 Minuten stehen lassen. Mit Wasser abspülen und abtropfen lassen. Den Essig, 100 ml Wasser und den Zucker verrühren, bis sich der Zucker aufgelöst hat. Das Gemüse beigeben und alles vermischen. 4–5 Stunden kühl stellen.

2. Für das Poulet die Schalotte fein schneiden und mit dem Erdnussöl, der Fischsauce, der Sojasauce und etwas frisch gemahlenem Pfeffer in einer Schüssel mischen. Das Poulet mit der Sauce marinieren und ungefähr 4 Stunden im Kühlschrank durchziehen lassen.

3. Das Fleisch etwa 30 Minuten vor dem Anbraten aus dem Kühlschrank nehmen und mit dem Salz bestreuen.

4. Die Reisnudeln je nach Packungsanleitung 6–10 Minuten in gesalzenem Wasser kochen. Abgießen, kalt abspülen und abtropfen lassen.

5. Die marinierten Pouletspieße über starker Glut 8–12 Minuten grillieren oder in der Pfanne gut durchbraten.

6. Für die Sauce die Fischsauce, den Limettensaft und den Zucker in eine Schüssel geben und verrühren, bis sich der Zucker aufgelöst hat. Den Knoblauch und die Chilischoten fein hacken und dazugeben.

7. Die Reisnudeln auf vier Tellern anrichten und etwas Gemüse darauf verteilen. Die Pouletspieße auf die Reisnudeln legen und alles mit der Sauce beträufeln. Zuletzt etwas Koriander, Thai-Basilikum, Shiso und die gehackten Erdnüsse darauf verteilen.

CHURROS

EIN STÜCK SPANIEN

Sara arbeitete früher in einem Reisebüro. Jetzt ist die junge Mutter mit spanischen Wurzeln begeisterte Markt-fahrerin. Als sie auf einem Citytrip in London einen Churros-Truck sah, reifte der Gedanke, diese spanische Spezialität auch in der Schweiz anzubieten. Kurzerhand setzte sie diese Idee in die Tat um. Seither genießt sie ihre Freiheit und Unabhängigkeit und freut sich, die nach original spanischem Rezept hergestellten Churros in der ganzen Schweiz an Festivals, Märkten und anderen Events zu verkaufen. Da sie in ihrem Truck eigentlich »nur« Churros anbietet, könnte man meinen, dass der Handel sehr einfach abläuft. So in der Art von: »Guten Tag, einmal Churros bitte, danke und auf Wiedersehen.« Zum Glück gestaltet sich der Verkauf der süßen Leckereien meist viel spannender. Sehr oft kommt Sara mit ihren Kunden ins Gespräch. Die Menschen erinnern sich gerne, auf welchen Reisen sie das letzte Mal Churros gegessen haben, und geraten dabei regelmäßig ins Schwärmen. Viele Kunden scheinen fast einen Doktortitel in Sachen Churros erworben zu haben und fachsimpeln gerne mit der Betreiberin über die richtige Öltemperatur oder die perfekte Konsistenz der Churros. Auch die ursprüngliche Herkunft der Spezialität ist immer wieder ein Thema.

Was muss man wissen, um nicht als Churros-Laie enttarnt zu werden?
»Ein Churro ist ein iberisches Fettgebäck, länglich mit sternförmigem Querschnitt. Churros werden aus Brandteig zubereitet, in heißem Öl frittiert und dann mit Zucker bestreut. In Spanien isst man sie zu jeder Tageszeit, doch besonders begehrt sind Churros, getunkt in heiße dickflüssige Schokolade, frühmorgens oder nachts auf dem Nachhauseweg von einer Feier.«

CHURROS

4 Personen · Zubereitungszeit: 15 Minuten

250 g	Mehl
1 Prise	Salz
	Frittieröl
	Zucker
	Zimt

1. Das Mehl mit dem Salz mischen. 300 ml Wasser aufkochen und das Mehl einrühren, bis der Teig eine gleichmäßige Konsistenz hat.

2. Reichlich Frittieröl in einer Bratpfanne oder der Fritteuse erhitzen und den Teig durch einen Spritzbeutel mit Sterntülle direkt ins Öl geben. Das Öl muss die Churros bedecken. Die Churros frittieren, bis sie goldbraun sind, dann herausnehmen und auf einem Küchenpapier abtropfen lassen.

3. Mit Zucker und Zimt bestreuen oder in heiße Schokolade (siehe folgendes Rezept) dippen.

EIN STÜCK SPANIEN

CHOCOLATE A LA TAZA

4 Personen · Zubereitungszeit: 10 Minuten

200 g	dunkle Kuvertüre
125 g	Zucker
300 ml	Milch
2 EL	Maisstärke (Maizena), nach Belieben

1. Die Schokolade mit dem Zucker, der Milch und 300 ml Wasser in einen Topf geben und unter ständigem Rühren vorsichtig erhitzen.

2. Die Maisstärke mit 4 Esslöffel kaltem Wasser anrühren, dazugeben und etwa 3 Minuten aufkochen, bis die heiße Schokolade dickflüssig wird. Je nach Wunsch noch etwas aufgelöste Maisstärke dazugeben, um die Schokolade noch dickflüssiger zu machen.

3. Die heiße Schokolade in Tassen abfüllen und genießen.

DANKE

Tausend Dank an alle, die zu diesem Buch beigetragen haben.

Von Herzen ein großes Dankeschön an Annette Gröbly – ohne dich wäre dieses Buch vielleicht nie entstanden! Wir freuen uns auf weitere gemeinsame Buchabenteuer.

Danke an Daniel Mattes, der unsere Begegnungen und Gedanken in Worte gekleidet hat und uns in allen Phasen des Projekts mit Rat und Tat zur Seite stand. Deine unermüdliche Unterstützung ist bewundernswert.

Auf vielen Shootings begleitet, gefilmt und fotografiert hat uns Rafael Koller. Herzlichen Dank für deinen tatkräftigen Einsatz.

Lukas Lienhard danken wir sehr für das unkomplizierte Shooting bei »Black & Blaze« und das tolle Resultat.

Besonderer Dank gebührt Urs Hunziker für sein Vertrauen in uns und unser Projekt und dem ganzen AT Verlag für die grandiose Zusammenarbeit.

Und last but not least danken wir unseren Familien und Freunden, die uns während des ganzen Entstehungsprozesses unseres Buches unterstützt haben.

Ein riesiges Dankeschön an alle 25 Trucks und ihre Teams.
Jedes Shooting war ein einmaliges Erlebnis. Ihr seid großartig!

Die Food-Truck-Besitzer:

Fabian · Tele · Stefania ·
Gabriele · REBEKKA, LUKAS, RETO ·
Fauzia + BEAT · PETER + CORNELIA ·
CLAUDE · dina + Sami · Andy,
Hansmartin, DAVID + MICHAEL ·
Raquel + Dario · THILEEBAN +
SUTHANI · OKTAY, NANDO +
PATRICK · Luca · Anja +
Thomas · SARA + PAU · Miriam +
JAEL · Carola + Liria ·
JOËLLE + FLORIAN · REGULA +
FABIAN · KATRIN + KONSTANTIN ·
marco, christian, manh · Vassilena,
Violeta, Vania + IVANKA · ROBERT +
PHILIPPE · lea, jeanne und jakob.

REZEPTNACHWEIS

Von Sasa Noël und Heike Grein stammen:
Teig für Crêpe Helena, Seite 83
Teig für Galette Fridolin, Seite 84
Waffel-Cornet, Seite 165

Von Michelle Burke stammen:
Michelle's Surprise Brownies, Seite 40
Michelle's Chocolate Chip Cookies, Seite 43

Alle anderen Rezepte stammen von den Truckbetreibern.

BILDNACHWEIS

HEIKE GREIN

SASA NOËL

Konzept, Projektleitung, Fotografie
und -styling, grafische Gestaltung.

Freischaffende Grafikdesignerin und
Illustratorin mit Ausbildung in Zürich
und London, danach Grafikdesignerin
beim Schweizer Fernsehen SRF.
2013 Gründung der Firma »Noël & Grein«,
die sich der Verbindung von Grafik-
design, Fotografie und Styling widmet.
Leidenschaft für Kochprojekte und
eigene Lunchevents. Daneben diverse
Publikationen als Autorin von Kurzge-
schichten.

noelundgrein.ch
heikegrein.ch / Grafik & Design

Konzept, Projektleitung, Fotografie
und -styling, grafische Gestaltung.

Selbstständige Grafikdesignerin, Foto-
grafin und Illustratorin. Gründerin
des Grafikateliers »Sasart« und der
Firma »Noël & Grein« zusammen mit
Heike Grein. Als ausgebildete Kunst-
und Tanzpädagogin unterrichtet sie
Kunst und Bewegung für Kinder und
Erwachsene in Zürich. Regelmäßige
Ausstellungen ihrer Werke und Kunst-
projekte in der Schweiz und im Aus-
land.

sasart.ch / Grafik & Design
sasanoel.ch / Kunst & Projekte
flow-egg.ch / Mal- und Bewegungskurse

Außerdem haben mitgewirkt:

ANNETTE GRÖBLY FREI / Beratung, Rezepte

Projektleitung bei verschiedenen Kochbüchern und Herausgeberin von
KILUDO, dem Kreativmagazin für Kinder (kiludo.ch).
Sie hat das Projekt von Anfang an als Beraterin begleitet und war unter
anderem zuständig für das Marketing und das Aufarbeiten der Rezepte.

DANIEL MATTES / Texte

Schriftsteller, Autor von Kriminalromanen
und freischaffender Texter (krimiundcouch@gmail.com)

KONTAKTE FOODTRUCKS A-Z

BANH MI KITCHEN
MARCO ZAUGG, CHRISTIAN STUDER,
MANH NGUYEN
WWW.BANHMI.KITCHEN

BLACK & BLAZE COFFEE
CLAUDE STAHEL
WWW.BLACKANDBLAZE.COM

CHADAFÖ
CAROLA PROFE-BRACHT,
LIVIA THÜRLEMANN
WWW.CHADAFÖ.CH

CHURROS
SARA MORENO
WWW.CHURRO.CH

DELI DONKEY
PETER SCHLÄFLI
WWW.DELIDONKEY.CH

DE PALMA
STEFANIA DE PALMA
WWW.DE-PALMA.CH

DESI FOOD
FAUZIA CANDRIAN
WWW.DESIFOOD.CH

EMMA & PAUL
TELE CESARI
WWW.CAFFEMOBIL.CH

FROH-BIYO
KATRIN UND KONSTANTIN MEIER
WWW.FROH-BIYO.CH

GABRIELE STREETFOOD
GABRIELE LOIELO
WWW.GABRIELE-STREETFOOD.CH

GELATERIA DI BERNA
ANDY KÄSER
WWW.GELATERIADIBERNA.CH

KAFFEE UND KAMELE
ROBERT LEHMANN
WWW.KAFFEEUNDKAMELE.CH

KAFFI, KICK UND EIERKUCHEN
ANJA KICK
WWW.KAFFIKICKUNDEIERKUCHEN.COM

KITCHENETTE
REBEKKA STUTZ,
LUKAS FEMPEL, RETO EBERLE
WWW.KITCHENETTE.CH

KOTTU ROTI

THILEEBAN THANAPALAN
WWW.KOTTUROTI.CH

LA RIBOLLITA

FABIAN ZBINDEN
WWW.LARIBOLLITA.COM

LE SCHNAUZ

JOËLLE GUTEDEL,
FLORIAN STÜDELI
WWW.LESCHNAUZ.CH

LUNAS CRÊPES

MIRJAM ZIMMERMANN,
JAEL SCHÜLE
WWW.LUNAS-CREPES.CH

PALESTINE GRILL

SAMI KHOURI
WWW.PALESTINEGRILL.COM

POUSHE STRUDEL

VASSILENA, VANIA, VIOLETA
UND IVANKA NAYDENOVA
WWW.POUSHE.CH

REBEL'S SMOOTHIBAR

LEA HUNZIKER
FACEBOOK.COM/REBELSSMOOTHIEBAR

RHYSTORANTE

RAQUEL UND DARIO SIMONINI
WWW.RHYSTORANTE.CH

TAFELSILBER - 401 DISHES

REGULA IMHOLZ
WWW.401DISHES.COM

THE GREEN VAN COMPANY

LUCA ARZENTON
WWW.THEGREENVAN.CH

THE LUNCHBOX

NANDO PORTMANN,
OKTAY KUREYSHI,
WWW.THELUNCHBOX.CH

WEITERE INFOS ZUM BUCH
UNTER WWW.FOODTRUCKKITCHEN.CH

★

© 2017
AT Verlag, Aarau und München

Lektorat: Nicola Härms, Rheinbach, und AT Verlag
Umschlagbild · Fotos · Grafische Gestaltung
und Satz: Sasa Noël und Heike Grein, noelundgrein.ch
Druck und Bindearbeiten: Printer Trento, Trento
Printed in Italy

ISBN 978-3-03800-944-3
www.at-verlag.ch

Der AT Verlag, AZ Fachverlage AG, wird vom Bundesamt für Kultur
mit einem Strukturbeitrag für die Jahre 2016-2020 unterstützt.